RÉMY KAPPELER

PAPA RANDO

La marche est un jeu d'enfant

PAPA RANDO

La marche est un jeu d'enfant

RÉMY KAPPELER

Suisse Rando

HELVETIQ

Dédicace :
À ma famille, qui m'accompagne sur les chemins de la vie.

INTRODUCTION

COMMENT JE SUIS DEVENU UN PAPA RANDONNEUR

Il y a quatorze ans, le Roi des lutins est entré dans ma vie, la bouleversant de fond en comble. Puis, quelques années plus tard, le reste de la cour est arrivé : la Fée enchantée et le Prince des bois, respectivement au bout de trois et sept ans. Le Roi, la Fée et le Petit Prince ont pris leurs aises dans ma vie, mordant sans scrupules sur mon sommeil, limitant mon temps libre et mes besoins à leur plus strict minimum. Je pensais savoir ce que je faisais lorsque je leur ai, de mon propre chef, ouvert tout grand ma maison. Ces trois-là se sont bien vite chargés de me détromper.

Jusque-là, une histoire on ne peut plus normale. Néanmoins, il y a une chose à laquelle j'ai refusé de renoncer : la randonnée. C'est donc ainsi que je suis devenu un papa randonneur. Mais adieu les hauts sommets et les grandes ambitions ; bonjour les randonnées courtes et la patience. Et, autant vous le dire tout de suite : c'est fabuleux ! Je me suis laissé embarquer. J'ai suivi, haletant, les histoires émaillant la vie du Roi des lutins, découvert, médusé, les personnages imaginaires et hilarants de la Fée enchantée, ramassé soigneusement des cailloux avec le Prince des bois. Et aujourd'hui, je saute dans les lacs de montagne en sous-vêtements, je cherche fébrilement des grenouilles dans le noir, je construis de petites embarcations dans de l'écorce de bois que je laisse filer au gré du courant – mes enfants me montrent comment faire. Et chemin faisant, ils m'apprennent tout ce que je dois savoir pour randonner avec eux.

C'est lors d'une randonnée entre la Planalp et Brienz dans l'Oberland bernois que j'ai une sorte de révélation. Le train à vapeur à crémaillère du Brienzer Rothorn nous dépose à la gare intermédiaire. De là, nous faisons une halte dans le refuge de montagne offrant un magnifique panorama sur le lac de Brienz, puis nous nous mettons en route pour notre randonnée dans la vallée. À Gäldried, nous traversons la voie ferrée, et bientôt nous entendons le tchou-tchou sonore du train qui grimpe à l'assaut de la montagne. Nous nous asseyons pour grignoter quelques fruits secs et nous rafraîchir, tout en faisant des signes de la main aux passagers du train. Ce dernier disparaît de nouveau dans la forêt, puis dans le tunnel. Le martèlement du moteur à vapeur se réverbère, sonore, dans le creux de la roche. Puis soudain, le train à vapeur écarlate réapparaît un court instant tout là-haut, dans une fenêtre rocheuse.

Avant de disparaître une nouvelle fois, emportant avec lui la motivation de la Fée enchantée. Elle est crevée, se plaint-elle, et ni une ni deux, voilà qu'elle s'allonge le long des rails, les bras croisés sur la poitrine, son chapeau ramené sur son visage. Terminé. Rideau. Je sais d'emblée que cela ne servira à rien de chercher à l'amadouer pour la ramener à de meilleurs sentiments. Ce qui ne m'empêche pas pourtant d'essayer. Le résultat était couru d'avance : un fiasco. Et maintenant ?

Je laisse le Prince des bois s'extirper du porte-enfant de randonnée. Il participe bien, trottine, tenant la main de Maman randonneuse. Alors je soulève la fillette fatiguée, la place sur mes épaules, puis je me remets en route pour rattraper les autres. Nous finissons par les rejoindre, et nous laissons de bonne grâce acclamer et photographier par eux. Nous poursuivons sur notre lancée, descendant à travers la forêt le chemin jusqu'au pont de Milibach. Là, se lançant sans plus attendre dans le lit du ruisseau, l'aîné grimpe de pierre en pierre jusqu'à la cascade de Mühlebach. Comme par miracle, la Fée enchantée retrouve soudain son énergie et se tortille pour que je la laisse descendre. Nous pique-niquons et construisons des bateaux en écorce, avant de nous baigner dans l'eau fraîche. Le passage à vide est derrière nous, et la Fée enchantée avance sans rechigner tout le reste du chemin jusqu'à Brienz.

Le rituel secret père-fille

Parfois, quelques instants suffisent pour sauver une randonnée : les enfants sont de nouveau motivés, les résistances sont oubliées. Au pied du Brienzer Rothorn, ma fille m'a fait comprendre qu'à ce moment-là, elle avait besoin de mon attention. En la soulevant et en faisant du porté un jeu, j'ai en l'occurrence et bien inconsciemment évité la confrontation. C'est une recette qui fonctionne. Depuis, je m'en sers régulièrement.

D'ailleurs, ce jeu s'est transformé en un rituel secret qui nous lie tous les deux. Quand elle traverse ce genre de petite crise, la Fée enchantée sait pertinemment que son papa randonneur ne refusera pas de la porter un petit moment. Quant à moi, je sais tout aussi bien qu'en jouant le jeu, j'obtiens ce que je veux : elle acceptera de continuer à randonner. Sans compter que je goûte aussi particulièrement ses protestations et ses flatteries alors qu'elle pense me mener par le bout du nez. Aussi, c'est bien volontiers que j'accepte de la porter en échange pendant un quart d'heure.

Encore un mot sur ce que j'évoquais au début, à savoir le renoncement aux ambitions. Bien sûr, ce n'est pas dans ces termes que cela se pose. Quiconque a déjà porté un enfant dans un porte-enfant toute une journée en randonnée, ainsi que tout l'équipement nécessaire à trois bambins, sait de quoi je parle. Continuer à le faire, c'est au contraire encourager une ambition saine. En comparaison, atteindre un sommet est un jeu… d'enfant !

CHAPITRE I

VOIR CE QUE LE CHEMIN A À OFFRIR

Avez-vous déjà observé une mante religieuse à une distance de cinq centimètres ? Auriez-vous envie de traquer ces gracieuses femelles insectes qui dévorent parfois leur partenaire pendant l'accouplement ? C'est le programme que j'ai en tête en ce jour d'août, alors que je me rends avec mes deux fils à Branson, en Valais. L'idée ne m'effleure même pas que mes enfants pourraient ne pas trouver les mantes religieuses aussi fascinantes que moi, et qu'ils se passionneront éventuellement pour autre chose.

Cependant, au moment de démarrer la randonnée, je m'interroge quand même sur la pertinence de mon idée. Alors que d'autres, par ce temps splendide, s'adonnent, dans la fraîcheur agréable des sommets, à des randonnées offrant des panoramas superbes, nous, nous avançons entre sites industriels, autoroutes et vignobles. Malgré cela, notre humeur est au beau fixe.

Quant à la vue, elle plaît particulièrement au Prince des bois : camions, excavatrices et bétonnières sont très nombreux dans la vallée, ainsi que des chevaux, des tracteurs et des cheminées fumantes. Alors que le chemin grimpe en pente raide, mon petit garçon se concentre sur ce qui se passe au ras du sol, là où des scarabées noirs rampent, des sauterelles sautent et des lézards se chauffent au soleil.

Heureusement, le circuit que j'ai préparé ne dure qu'une heure et demie ; mais la montée jusqu'à la réserve naturelle des Follatères s'éternise. Enfin, nous atteignons un promontoire assez spectaculaire, où nous trouvons une installation militaire désaffectée et camouflée. Le vieux bloc de béton fascine le Roi des lutins, qui en inspecte avec curiosité les meurtrières. À l'heure du pique-nique, nous discutons de la vue, comme si nous nous trouvions devant une immense maquette de train.

Puis la traque des mantes religieuses commence. La plupart des gens ne savent pas grand-chose de cet insecte qui, au printemps, passe par de nombreux stades larvaires, changeant de couleur à chaque fois – vert ou brun selon l'environnement. Cette alternance se termine à la cinquième mue, de sorte qu'à cette période, du début à la fin de l'été, elles sont plus faciles à trouver. En théorie, du moins. Nous longeons le flanc de la montagne en direction du nord. Les pentes herbeuses sont raides, de nombreux insectes sont autour de nous, mais nous n'apercevons pas la moindre mante religieuse.

Notre confiance décline à chaque mètre de dénivelé qui nous ramène vers la vallée. Nous atteignons le dernier champ, où le Roi des lutins découvre enfin l'insecte tant convoité, cinq petits centimètres posés à cinquante centimètres du bord du chemin. Quelle joie pour nous trois ! Mais bientôt, nous déchantons, à cause du Prince des bois dans le porte-enfant. Heureusement, ses cris ne chassent pas les mantes religieuses. Le petit garçon est fatigué, il voudrait qu'on continue de marcher, bercé jusqu'au sommeil par le rythme régulier de mes pas. La halte n'est pas à son goût, il n'a nulle envie de rester comme son papa de longues minutes sans bouger à fixer l'herbe.

En lui donnant des petites choses à grignoter, je peux temporiser une dizaine de minutes et repousser le moment de se remettre en route. Puis nous repartons, le Prince des bois peut alors se rendormir. Je suis un peu contrarié ; j'aurais bien aimé continuer à observer les mantes religieuses. En direction de Vernayaz, le Roi des lutins et moi sommes plongés dans nos pensées. Mon regard s'attarde une dernière fois sur les hauts sommets. Avec satisfaction, je me rends compte que les magnifiques randonnées panoramiques en altitude ne me manquent pas – du moins, pas aujourd'hui. Car tout le monde est content : le Prince des bois a eu ses grues et ses pelleteuses, le Roi des lutins a découvert un bunker. Quant à moi, j'ai pu enfin apercevoir des mantes religieuses dans leur environnement naturel.

Le bon chemin, et comment le reconnaître

Depuis que je suis papa randonneur, j'ai appris à repérer ce qu'est un bon chemin de randonnée familiale. Et ce ne sont pas les sentiers thématiques qui poussent comme des champignons (j'y reviendrai plus tard). J'adore les chemins de randonnée qui nous incitent, petits et grands, à nous montrer nous-mêmes créatifs. Il peut s'agir d'une ruine de château, d'un arbre sur lequel grimper, d'une grotte mystérieuse, d'un bisse, d'un ruisseau de montagne – en fait, un simple pique-nique sur une souche d'arbre suivi d'une bataille de pommes de pin peut suffire. En tout cas, pour notre famille. Et si jamais ce n'était pas le cas, j'invente en plus des histoires à filer la chair de poule, ou alors je cache des oursons en gélatine dans des rochers – les oursons en gélatine, ça marche toujours. 100 % garanti.

Le plus important, c'est d'avoir du temps. Les parents stressés sont désagréables et pas cool du tout. Toutes ces petites choses qui s'avèrent les plus créatives, les mamans et les papas pressés n'y pensent pas. Et ce n'est pas un service qu'ils se rendent, car cette obsession du temps pèse sur l'ambiance de la randonnée. Concrètement : lors de la planification d'une randonnée, pour calculer sa durée, je multiplie pour les enfants au moins par deux le temps de marche qui conviendrait à un adulte, en veillant bien à ne pas dépasser cinq heures au maximum. Ce ratio tient compte du fait que les enfants marchent moins vite, qu'ils veulent souvent faire des pauses, et que parfois ils ne sont tout bonnement pas motivés. Et que ça monte et que ça descend. Si j'ai le choix, je prévois plus de descentes que de montées. En outre, plus les enfants sont âgés et plus ils ont l'habitude de randonner, plus il est possible d'augmenter la durée de la randonnée.

La motivation des enfants varie en fonction du sentier. Un chemin forestier ou campagnard large et droit perd vite de son intérêt. En comparaison, un sentier en montagne étroit et sinueux mobilise leur attention et offre davantage de diversité. Raison pour laquelle je me méfie des sentiers de randonnée adaptés aux poussettes : ils sont certes pensés pour les poussettes, mais sont ennuyeux pour les petits randonneurs désireux de marcher tout seuls.

Lorsque je planifie une randonnée, j'étudie soigneusement la carte afin de déterminer le parcours et le type de sentier. Les photographies aériennes, que l'on peut généralement afficher sur la carte, constituent aussi une aide précieuse. Je recherche des lieux offrant des distractions évidentes, par exemple, des ruisseaux pour se baigner. En forêt, il y a toujours des arbres sur lesquels grimper ou se balancer, des baies à cueillir, des bâtons à sculpter. Les lacs de montagne sont certes froids, mais il est toujours possible de s'y tremper les pieds. Dans les marais, les tourbières, les réserves naturelles et les étangs, les enfants ont l'opportunité de tomber sur des grenouilles ou d'autres petits animaux. En revanche, les règlements et les consignes des zones protégées ne permettent souvent pas de les observer de près. Les cascades, les grottes et les formations rocheuses sont fascinantes. Plus les enfants sont âgés, plus les activités physiques peuvent être attrayantes : escalade de sommets, randonnées de plusieurs jours, sentiers de randonnée alpine. Enfin, les nuits en gîte, les auberges, les tourelles et toutes les autres attractions construites par la main de l'homme offrent des distractions bienvenues et la possibilité de faire une pause. Dès la phase d'organisation de la randonnée, j'essaie donc de prévoir des temps pour vivre des moments forts.

En randonnée, je reste le plus souvent sur les chemins balisés. En Suisse, ce balisage est homogène et couvre l'ensemble du pays. Les chemins balisés en jaune ne demandent aucune aptitude particulière. En revanche, pour les chemins de montagne balisés blanc-rouge-blanc, il est nécessaire d'avoir le pied sûr, de ne pas être sujet au vertige et d'être en bonne condition physique. Pour les enfants plus âgés et plus expérimentés, il est possible de s'orienter vers des chemins alpins balisés blanc-bleu-blanc : ils traversent des zones rocheuses ; le chemin n'est pas toujours immédiatement visible, surtout à la tombée de la nuit ou par brouillard. Une randonnée alpine soigneusement préparée constitue un beau temps fort dans une année de randonnée.

Que faire si l'on s'ennuie en randonnée ?

Je ne suis pas toujours sûr que la randonnée que j'ai planifiée pour ma famille s'avérera intéressante. Dans les zones densément peuplées et relativement plates, il peut être vraiment difficile de trouver une randonnée intéressante pour des adultes. Souvent, nos pas nous mènent sur de larges chemins forestiers ou encore de l'asphalte, on doit traverser des routes principales, de longues portions sont sans intérêt, du simple fait parfois que la gare se situe au centre d'un grand village.

L'une des randonnées pour lesquelles je nourrissais auparavant ce genre de doutes est celle près de Schöftland, dans le canton d'Argovie. Une destination attrayante suffit-elle ? Je me souviens m'être posé la question à l'époque. Mais, concernant cette randonnée, le doute n'est vraiment pas justifié. Les grottes de grès de Staffelbach, à deux heures de marche de Schöftland, sont gigantesques : douze cavernes de forme cubique, d'environ huit mètres de haut et creusées dans la roche, dissimulées sur le flanc d'une petite vallée. Le spectacle est stupéfiant. Jusqu'à une époque très avancée du dernier millénaire, les tailleurs de pierre y ont sculpté d'énormes parallélépipèdes qui ont ensuite servi à construire les maisons des environs. En découvrant ces grottes, on a l'impression que les ouvriers viennent juste de partir après avoir rangé leurs outils.

Nous sommes à peine arrivés que la Fée enchantée s'affaire sur un bloc de grès qu'elle se met à tailler avec des pierres pointues. Le sable se défait facilement, ce qui l'amuse beaucoup. Puis elle le met dans un sac qu'elle veut ramener chez nous. Voilà qui est déjà moins amusant. Je chasse de mon esprit la vision du sac éclatant à un moment ou un autre dans sa chambre. Le Roi des lutins découvre auprès d'un foyer des braises encore rougeoyantes. Il tient au-dessus une branche de hêtre au feuillage vert qui se met à fumer énormément. L'épais nuage de fumée se répand dans toute la grotte. Nous toussons comme des perdus ! Vu de l'extérieur, ce gigantesque trou dans la roche a quelque chose de magique. Aucun doute à avoir : les enfants sont enthousiastes, et la randonnée est une totale réussite.

Rembobinons : le matin, nous partons de la gare de Schöftland, et il nous faut d'abord traverser tout le village. Puis nous commençons à grimper entre des maisons proprettes, avant d'emprunter un escalier. Nous bavardons avec animation, ce qui nous permet de maîtriser rapidement la première difficulté qui m'avait inquiété. Dans la forêt, sur la route forestière, nous tombons sur des escargots, qui s'agglutinent en grand nombre à nos pieds, éveillant immédiatement l'instinct protecteur de la Fée enchantée. Désormais, notre allure n'a rien à envier à celle des gastéropodes. Je savoure les couleurs intenses de la forêt, magnifiées par la pluie tombée pendant la nuit.

Suite du programme : l'ascension à travers la forêt par un petit chemin étroit, qui est certes fatigant, mais intéressant. De l'oseille des bois aux lèvres, nous nous balançons sur des troncs d'arbre, nous amusons à deviner des visages parmi les branches épaisses. Puis arrive le premier temps fort de la randonnée : une clairière, dans laquelle se trouvent deux énormes rochers. Un panneau explicatif est disponible à proximité, que je lis aux enfants. Un bloc rocheux est perforé et parcouru de plis. Le bloc calcaire provient de Habkern, dans les contreforts des Alpes de l'Oberland bernois. De loin, l'autre bloc rocheux semble plus lisse, mais il est brisé en trois morceaux. Le granit provient des Alpes. Ces deux blocs ont été charriés ici par le glacier pendant la période glaciaire.

Nous grimpons sur les rochers glissants. Je me blesse à la hauteur du tibia en voulant, comme avant, l'escalader le plus vite possible. Je glisse sur tout le long. Au début, la douleur est très vive – mais il faut savoir se montrer brave. Contraints à une pause forcée, nous allumons un feu et faisons griller des cervelas, quand bien même il n'est que 11 heures du matin. Nous nous installons sur le bloc rocheux pour déguster notre saucisse. Puis nous nous lançons dans la construction d'une cabane de nains à deux étages. Quel bonheur de s'autoriser de nouveau à être un enfant !

Nous entamons ensuite la deuxième partie de notre périple, qui ne me convainc pas en tant que randonnée familiale. De nouveau, un chemin assez large. Que, de fait, les enfants trouvent rapidement ennuyeux. La diversion apportée par la découverte de deux orvets morts est de courte durée. Je commence alors à leur parler des grottes de grès que nous trouverons à destination. Cette perspective les remotive, ce qui ne m'empêche pas de me réjouir quand nous arrivons à proximité d'une forêt et que le chemin se fait plus abrupt. Malheureusement, cela ne dure pas ; mais les enfants décident de prendre par les sous-bois, un peu en hauteur et parallèlement au chemin, tandis que je continue à suivre ce dernier. Nous atteignons enfin les grottes de grès. En dépit de mes doutes, la randonnée est un succès.

Évidemment, toutes les randonnées ne peuvent pas être géniales à 100 %. Néanmoins, les enfants trouvent toujours en chemin de quoi piquer leur curiosité, si on leur en laisse l'opportunité. En outre, il est normal de se retrouver de temps à autre sur des portions plus ennuyeuses – mais rien ne sert de le dévoiler dès le départ. Avec le temps, on apprend à supporter que les enfants trouvent certaines parties de la randonnée ennuyeuses et qu'ils s'en plaignent ouvertement. Laissez-les faire ; nous l'avons fait nous aussi quand nous étions enfants. En tant que père, je ne considère pas qu'il soit de ma responsabilité d'assurer la partie récréative. Je laisse les enfants se confronter à leur ennui et chercher eux-mêmes les moyens de le chasser. Tout au plus, je leur donne des pistes pour y parvenir. Je leur fais confiance, de même que j'ai confiance en ma randonnée, à laquelle j'ai consacré beaucoup de préparation. Les enfants trouveront un moyen de dépasser leur ennui. Une bonne idée. Peut-être pas nécessairement celle que j'ai en tête – parfois les choses se passent autrement que ce que l'on a envisagé, mais la plupart du temps, elles tournent bien.

Randonnée hivernale

En hiver comme en été, c'est un bonheur que de randonner avec les enfants. Ces dernières années, la randonnée hivernale a gagné en popularité. Fort du constat que leurs clients, aujourd'hui, ne veulent plus se limiter uniquement au ski, un nombre croissant de stations de sports d'hiver créent des sentiers de randonnée hivernale ou des itinéraires balisés pour les randonnées en raquettes. De belles opportunités pour les randonnées en famille. Pourtant, je constate souvent que la randonnée hivernale n'a pas bonne réputation auprès des enfants comme des parents, et qu'elle est considérée comme ennuyeuse. Or, il n'en est rien, ce dont s'aperçoivent ceux qui s'y essaient.

Avec la randonnée hivernale, l'ingrédient le plus important, la neige, est déjà là. Dès lors, inutile de chercher d'autres attractions sur le chemin, car elles sont partout. Batailles de boules de neige, dévaler les pentes neigeuses, glissades, dessins dans la neige profonde avec des empreintes de pas, sauter : les possibilités ne manquent pas.

Même en hiver, lors du choix du parcours, il convient cependant de prendre en compte un certain nombre d'éléments. Tout d'abord, les chemins étroits sont souvent plus intéressants que les plus larges, pavés à la dameuse. Cependant, il est très difficile de distinguer les uns des autres sur les panoramas hivernaux des dépliants. Dès lors, il peut être utile de vérifier sur des cartes : là où passent de larges routes, il y a de fortes probabilités que les chemins de randonnée hivernale soient traités à la dameuse. A contrario, les chemins étroits à la belle saison sont probablement peu dégagés une fois l'hiver venu.

Une randonnée hivernale est plus plaisante quand le trajet s'effectue en descente ou quand la topographie est variée. Ainsi, les itinéraires circulaires sur terrain plat, par exemple sur le plateau de l'Engstligenalp ou sur le lac d'Oeschinen, sont moins passionnants pour les enfants, du fait que l'on a sous les yeux l'ensemble de la randonnée, voire la totalité de la piste de ski.

En outre, il convient de garder à l'esprit que marcher dans la neige est plus fatigant, surtout dans de la neige fraîche ou boueuse, ou encore sur terrain verglacé. Raison pour laquelle il est judicieux de prévoir un peu plus de temps qu'en été. Enfin, de bonnes chaussures, des vêtements épais et des chaussettes de rechange sont indispensables.

Faut-il emporter une luge ? Oui, à condition qu'elle ait une utilité : par exemple, pour emmener le plus petit qui ne peut pas marcher aussi longtemps que les grands. Ou pour s'en servir pour descendre à la fin. Je ne le recommande pas pour le transport des sacs ou à d'autres fins : la tentation serait trop forte pour les enfants de grimper dedans à tout prix !

Pour le pique-nique, le thé chaud est très adapté. Les pauses sont souvent de courte durée, car les enfants se refroidissent vite s'ils s'assoient. Il convient aussi de privilégier les pique-niques faciles à consommer en route. Manger un morceau tout en continuant de marcher est appréciable par temps froid.

Itinéraires thématiques

Je ne suis pas un grand adepte des sentiers thématiques. Cependant, leur principal intérêt est évident : le travail de préparation est déjà fait. Je choisis ces itinéraires quand je n'ai pas envie de m'impliquer de façon trop intensive dans la planification d'une randonnée – c'est donc très pratique. En outre, sur ce type d'itinéraires, les enfants sont toujours incités à jouer. Dès lors, pourquoi ne pas jouer avec eux ? Ou alors emporter un journal ou un bon livre pour passer le temps ?

Sachez cependant que les sentiers touristiques et leurs hauts lieux sont parfois très fréquentés. Souvent, ils permettent de contenir les visiteurs et de s'assurer que ces derniers ne piétinent pas les landes protégées ou les plantes rares. La nature solitaire est différente. En outre, les sentiers thématiques sont malheureusement assez ennuyeux, désuets et mal entretenus. La plupart du temps, mes enfants s'y ennuient au bout d'un quart d'heure. Ils me demandent alors s'ils peuvent marcher dans le lit du ruisseau ou se frayer leur propre chemin plutôt que de continuer à suivre le large sentier d'aventure tout droit. Je réponds toujours oui, si l'environnement le permet. Car dans le lit d'un ruisseau, dans la forêt ou simplement dans les prairies alpines, les enfants trouvent ce qui les intéresse véritablement : le terrain de jeu qu'offre la nature. Ils y laissent libre cours à leur imagination, sont actifs et créatifs. Alors, je range le journal et je les suis dans le lit du ruisseau – s'ils m'acceptent avec eux !

CHAPITRE II

JUSTE UN PETIT TOUR

Certains jours – et je le sais immédiatement en regardant par la fenêtre – je dois absolument passer du temps dehors. Mais ce n'est pas toujours chose aisée. J'ai de la chance quand cela arrive le jour où je m'occupe des enfants. Je me lève tôt pour préparer les deux plus grands pour l'école. Le plus souvent, c'est un sacré remue-ménage !

« Papa, qu'est-ce que tu nous as préparé pour la récré ? »

« Est-ce que je dois vraiment aller à l'école ? »

« Mes gants, ils sont où ? »

Finalement, à 8 heures moins quart au plus tard, les deux grands sont en route pour l'école. Ne reste alors dans le salon que le Prince des bois, la bouche toute sale, encore en pyjama et la couche pleine. Si c'est « le jour de papa », je lui propose de partir en randonnée. La plupart du temps, je n'ai qu'une vague idée et aucun plan concret en tête, et la fenêtre d'opportunité est courte : je dois être de retour à 11h30 au plus tard et me mettre aux fourneaux en prévision du retour des deux plus grands, affamés.

À ce stade, la patience est de mise. Car l'enthousiasme que montre le petit ne signifie pas nécessairement qu'il est disposé à coopérer. Débarrasser la table du petit déjeuner, habiller le Petit Prince, préparer le porte-enfant avec le strict nécessaire, tout cela prend toujours plus de temps que prévu. Raison pour laquelle j'ai renoncé à faire ces randonnées en transports publics. Nous montons en voiture, et nous voilà partis !

Où ? Ce qu'il y a de sûr, c'est que cela ne peut pas être très loin. En général, j'ai en tête un nom que j'ai lu sur une carte, un lieu romantique ou retiré qui a éveillé ma curiosité. Bien sûr, un simple nom ne laisse présager en rien de l'intérêt de la randonnée. Mais ces jours-là, c'est un risque que je cours bien volontiers : simplement prendre la voiture en direction d'un lieu au nom qui sonne bien. Vers un fossé, un ruisseau, quelque part où une surprise pourrait nous attendre.

Pousser par exemple jusqu'aux gorges de Scherligraben, en dessous de Niederscherli, dans le canton de Berne, à un quart d'heure en voiture de chez nous. Nous commençons à descendre dans les gorges en passant par Rifishalte, puis nous remontons dans la vallée au premier embranchement. « Ciseaux, ciseaux », babille comme un mantra mon fils dans le porte-enfant en pensant à ses ciseaux à bouts ronds. Nous croisons un coq, deux poules, trois chèvres naines et un chien dont le maître porte une barbe blanche – ce qui me fait penser qu'il me faut encore organiser la fête de la Saint-Nicolas de décembre prochain.

Nous atteignons l'entrée d'une grotte à hauteur d'homme. À l'intérieur, tout est sombre. Naturellement, nous nous y engageons. Mais le Prince des bois ne veut ni descendre du porte-enfant ni marcher, alors que le plafond de la grotte s'abaisse de plus en plus, si bien que je dois m'accroupir avec le porte-enfant pour continuer à avancer. C'est trop fatigant pour moi : nous faisons demi-tour et ressortons de la grotte. À environ 50 mètres, nous découvrons la sortie de la grotte. Mais le Prince des bois veut continuer à avancer; nous sommes presque parvenus à l'extrémité de la vallée, aussi nous rebroussons chemin jusqu'au croisement précédent. Quelques mètres plus bas dans la vallée, nous tombons sur une autre grotte. Cette fois, elle est plus haute, et on en voit la sortie dès l'entrée. Le petit reprend alors courage et veut descendre du porte-enfant. Puis il entre vaillamment tout seul dans la grotte. Bientôt, il s'anime, et nous nous amusons beaucoup ensemble. Tellement que, quelques semaines plus tard, nous reviendrons ici avec son frère et sa sœur, ainsi que les enfants des voisins. À cette occasion, nous emprunterons également le premier tunnel. Sans grande surprise, cette deuxième excursion sera plus animée que la première !

Mais bientôt, le temps presse en ce « jour de papa ». Juste au moment où les choses deviennent passionnantes : en dessous de Grabmatt, nous découvrons dans la forêt un vieux panneau noir et blanc en émail indiquant un « jardin alpin ». Ainsi, des edelweiss et de la gentiane pousseraient à vingt minutes de Berne, à 500 mètres d'altitude ? Ma curiosité est piquée. La tentation de suivre le chemin est forte, mais la perspective de laisser deux écoliers affamés et désespérés à la porte de chez eux ne me séduit guère. Alors la raison l'emporte, et nous rebroussons chemin – avec déjà en tête, pour ma part, l'idée de la prochaine randonnée.

Autour de chez soi – un petit cosmos passionnant

Les grottes de Scherligraben ne sont qu'une des découvertes que j'ai faites, au fil des ans, près de chez moi. Naturellement, toutes mes excursions ne se sont pas révélées aussi productives que celle que je viens de raconter. Parfois, la courte randonnée se soldait par la découverte de quelques escargots ou l'arrivée à une petite cascade, une ferme avec des animaux. Cependant, le plus important était d'être dehors avec le petit dernier. Nous sommes allés observer des grenouilles dans la réserve naturelle. Nous sommes montés en haut de la Chutzenturm sur la colline de Frienisberg, en haut de la tour du Ulmizberg au-dessus de Schliern dans le canton de Berne et de celle du Bantiger près de Bolligen. Nous avons découvert d'autres grottes de grès au bord de la Singine et près de Seedorf. Sans oublier un tunnel près de Bremgarten dans le canton de Berne. Nous avons aussi escaladé le célèbre Guggershörnli, évoqué dans le non moins célèbre chant populaire *Vreneli ab em Guggisberg*.

Avec le temps, j'ai voulu en savoir plus sur mes destinations de randonnée. Internet constitue une bonne option pour trouver l'inspiration pour une randonnée, mais il se révèle moins pertinent pour des petites excursions. Je me suis donc renseigné auprès de Berne Rando.

Chaque canton dispose d'une structure d'organisation des chemins de randonnée. Il incombe notamment à ces structures de veiller au bon entretien de la signalisation et des chemins de randonnée eux-mêmes. Dans chacune de ces structures, généralement associatives, il existe des baliseurs qui, dans leur région, connaissent le moindre mètre des sentiers de randonnée, car ils les parcourent tous les ans. La somme de connaissances dont ces hommes et ces femmes sont dépositaires est tout bonnement incroyable. Ils ont été des mines d'informations pour moi ! Naturellement, ils n'ont pas le temps de renseigner en personne des centaines de parents randonneurs. Mais de fait, ils ne sont pas sollicités par des centaines de personnes non plus.

Il existe aussi d'autres options pour en savoir plus sur son environnement. En général, les propriétaires de chiens connaissent les environs au moins aussi bien que les baliseurs. En outre, ils ne se focalisent pas sur les chemins de randonnée balisés. Les maîtresses et les maîtres de nos compagnons à quatre pattes sont des personnes qui sortent par tous les temps. Et parfois depuis des décennies. Elles ont ainsi accumulé quantité d'expériences et de connaissances qui ne demandent qu'à être partagées. Les propriétaires de chiens peuvent ainsi recommander des destinations faisables par temps de pluie ou s'il fait froid. Avec un peu de chance, ils pourront même vous conseiller le meilleur endroit pour s'arrêter manger un morceau si le temps se gâte trop.

Ce qu'il y a de bien avec les propriétaires de chiens, c'est qu'il est facile de les trouver. Jusque-là, je n'avais pas pris conscience que j'en connaissais autant. Je les côtoie au quotidien, je les croise en allant faire les courses, en faisant du sport, ou encore chez des amis. Et c'est naturellement que j'ai commencé à leur adresser la parole. Des conversations animées s'engagent assez vite, car ces personnes adorent parler de leur compagnon à quatre pattes. D'ailleurs, quand j'étais enfant, ma mère aimait à me répéter : « Avec les enfants et les chiens, on apprend vite à connaître les autres. » Elle avait bien raison !

Ces échanges, lorsqu'ils n'étaient pas interrompus par les pleurs du Prince des bois, ont été une grande inspiration pour moi. Et c'est ainsi que j'ai glané des noms de lieux sur lesquels j'ai pu ensuite faire des recherches. Par exemple, le jardin alpin que j'ai évoqué précédemment a été pour moi source de recherches intensives qui m'ont beaucoup mobilisé. Pendant plusieurs mois, je me suis intéressé au vieux panneau indicateur des grottes de Scherligraben et à son histoire. Ce sont des rencontres fortuites qui m'y ont aidé. Parfois, j'ai pris le taureau par les cornes : alors que les archives du journal local n'avaient pas été en mesure de me fournir plus d'informations, les archives municipales de Köniz ont été une bonne pioche ! Un jour, le responsable m'a invité à visionner un film d'archives. J'étais très enthousiaste en découvrant les images vacillantes du lieu : dans un immense jardin, des plantes alpines de toutes les couleurs et, à l'arrière-plan, des sommets miniatures enneigés. L'eau d'un ruisseau qui coule et descend parmi les rochers. Un funiculaire grimpant à flanc de montagne. Sur un tapis roulant, un ascenseur baptismal mène à l'église, le prêtre ouvre la voie, suivi de la mère et de l'enfant, puis des autres membres de la famille. Un paysan et sa femme assis devant l'étable, à côté d'eux le bûcheron fend les bûches de sa hache. Lors de la fête alpestre, des couples dansent, des hommes et des femmes en costume jodlent, les habitants de l'alpage jouent du cor des Alpes, et des lutteurs s'entraînent dans des sacs de sciure.

Dans les années 1980, un homme a créé ce jardin avec de vraies plantes alpines. Plusieurs personnes m'ont parlé de ce jardin, m'ont raconté qu'elles y étaient allées enfant. Souvent, leurs yeux brillaient lorsqu'elles me racontaient leurs souvenirs. Finalement, j'ai pu m'entretenir avec la belle-fille du créateur du jardin aujourd'hui décédé. Elle m'a parlé de l'amour de son beau-père pour la montagne, du soin avec lequel il avait créé et entretenu ce jardin, jusqu'à ce que ce dernier soit peu à peu délaissé par les visiteurs qui lui préféraient les parcs d'attraction, le jardin n'ayant à leurs yeux plus assez à offrir.

Au commencement était la randonnée brève

Pour ne rien gâcher, je me trouve en excellente compagnie lors de mes randonnées courtes dans les environs. Les Suisses sont de plus en plus nombreux à rechercher ce type de randonnées, comme le montre l'étude « Randonnée en Suisse 2020 ». Un bon tiers de toutes les randonnées ont une durée maximale de deux heures. Quant aux randonneurs qui les pratiquent, ce sont principalement des habitants des villes et des agglomérations qui apprécient une nature préservée et aiment marcher sur des revêtements naturels. En outre, ils privilégient des randonnées faciles d'accès, peu fatigantes et, si possible, offrant en chemin une sympathique auberge pour se restaurer. Cela tombe bien : tous ces critères sont aussi ceux que nous apprécions, ma famille et moi.

Johann-Jakob Ess, qui a fondé en 1934 les Schweizer Wanderwege (Suisse Rando), avait naturellement bien en tête ces besoins. Dans ses livres de randonnée, il a évoqué extrêmement souvent des randonnées courtes sur le Plateau suisse. « L'hypothèse selon laquelle quantité d'automobilistes aimeraient randonner avec leur famille pendant leurs jours de congés, mais qu'en raison du stress de leur travail, ils n'ont pas de temps à consacrer à l'organisation de ces randonnées, s'est avérée correcte », écrit l'auteur dans l'avant-propos de son livre « Auf froher Fahrt – 25 Wandervorschläge für Automobilisten ». Ainsi, même le père de la randonnée en Suisse a eu de temps en temps recours à la voiture, comme je le fais moi aussi par manque de temps pour mes randonnées courtes, même si je suis un ardent défenseur des transports publics.

Il est passionnant d'apprendre aussi que, dans les années 1930, ce n'est pas, comme on pourrait le supposer, dans les Alpes que Johann-Jakob Ess et ses camarades ont jeté les bases du réseau actuel des chemins de randonnée suisses, mais dans le canton de Zurich. Ils ont commencé par baliser uniformément les chemins partant des terminus de tramway autour de Zurich et conduisant dans la nature. Les balisages des chemins de randonnée étaient d'abord uniquement jaunes ; plus tard ont été instaurés les « chemins de randonnée de montagne » balisés en blanc-rouge-blanc, ainsi que les « chemins de randonnée alpine », balisés en blanc-bleu-blanc. Avec leurs successeurs, ils ont ainsi créé plus de 65 000 kilomètres de chemins de randonnée, qui aujourd'hui encore sont entretenus à grands frais et inscrits dans la loi (pour en savoir plus, consulter l'antisèche).

La randonnée impromptue

Soyons clairs : il ne faut pas grand-chose pour faire une excellente petite randonnée, même en hiver. Un soir de décembre sans neige, alors qu'il fait déjà nuit, nous réussissons sans préparation à faire une randonnée vraiment passionnante. En fait, ce soir-là, personne n'a envie de sortir, mais nous, parents, savons pertinemment qu'un peu de dépense physique est idéal pour préparer les enfants à une bonne nuit de sommeil. Aussi nous nous secouons, nous habillons et sortons. « Papa a sûrement une autre de ses idées géniales », déclare le Roi des lutins haut et fort, toujours partant pour s'amuser. Le papa randonneur se voit donc mis au défi dès la première seconde. Seulement, que faire comme randonnée dehors, le soir dans le quartier et sur l'asphalte ?

Nous nous mettons en route, les enfants devant sur leur trottinette et leur vélo de course (qu'à titre exceptionnel, je considère comme de la randonnée). Finalement, le Roi des lutins trouve lui-même une idée : lancer une pièce à chaque croisement. Face, nous tournons à droite, pile, nous tournons à gauche. La pièce tombe et nous indique le chemin. Et celui-ci commence à monter – ce qui nous prouve que l'idée fonctionne. Aucune plainte sur la montée, aucun « je veux rentrer ». La pièce nous fait faire le tour du quartier et nous ramène près de chez nous. Le plus petit, avec ses petites jambes, abandonne, ce qui est compréhensible. Et maman se réjouit de retourner bien au chaud avec lui.

Le Roi des lutins et la Fée enchantée, en revanche, veulent continuer à tenter leur chance. À chaque croisement, nous lançons la pièce, et nous allons même jusqu'à étoffer le jeu pour laisser la pièce décider encore plus. À chaque croisement, le premier lancer décide si nous tournons ou si nous allons tout droit. Si nous tournons, le second lancer décide de la direction.

Bientôt, c'est fatal, l'un de nous en arrivera sûrement à regretter le verdict de la pièce. Raison pour laquelle nous introduisons une motion de réexamen : nous avons le droit de relancer la pièce si nous ne sommes pas satisfaits du résultat au premier lancer. Si le second lancer donne le même résultat, ce dernier est cette fois irrévocable et il convient de s'y tenir. Quoi qu'il en soit, il est toujours possible au croisement suivant de rejouer pour savoir si nous tournons ou si nous rebroussons chemin, et ainsi de suite une troisième et une quatrième fois.

Le temps passe à toute allure, les kilomètres filent. Je savoure cette balade nocturne avec les lumières et la vue sur la colline du Gurten au sud de Berne. Et, bien sûr, la compagnie de mes deux enfants enthousiastes, qui ne se plaignent pas, et qui reparleront ensuite de cette escapade nocturne des jours durant, impatients de rejouer au jeu de la pièce. Mais il se fait tard, aussi je pose comme condition que les deux côtés de la pièce doivent maintenant indiquer une direction nous ramenant vers la maison. Après tout, nous voulions seulement « sortir prendre un peu l'air ».

Petit conseil à ceux qui seraient tentés par ce pile ou face : ne rebroussez pas chemin trop tard. Car il faut encore rentrer, et le chemin est parfois long. Et en plus, sur le trajet de retour, vous continuez de jouer à pile ou face pour déterminer s'il faut prendre à gauche ou à droite...

CHAPITRE III

RANDONNER EN S'AMUSANT

Une voie romaine avec une tour de guet, un bloc rocheux datant de l'ère glaciaire, un château et un chemin de pèlerinage du Moyen Âge : lors de la randonnée vers Grasburg près de Berne, je m'autorise à associer librement les faits historiques. Le principal est que notre aventure soit spectaculaire. Les enfants sont aux anges, et de toute façon, il n'y a à proximité aucune oreille d'historien susceptible de s'en offusquer.

Schwarzenburg : rien que le nom du lieu où nous descendons du train est mystérieux. Littéralement « château noir », vers lequel de valeureux chevaliers se dirigent en catimini à la faveur de la nuit pour libérer le roi qui y est emprisonné. En vain. Ils ne parviennent pas à conquérir la localité voisine de Grasburg, où se sont trop bien retranchés les vassaux de la famille royale allemande de Hohenstaufen. Les chevaliers appellent donc à l'aide. À la rescousse : trois courageux enfants et leur papa, qui répondent à l'appel et se sont mis en chemin pour accomplir l'impossible.

Je raconte cette histoire aux enfants sur les premières centaines de mètres que nous parcourons dans le village, pour faire passer plus vite le temps nécessaire au parcours de cette portion d'asphalte ennuyeuse. Mais bientôt nous sommes dans la nature, et faisons un petit détour par le hameau de Wart. Je raconte aux enfants qu'était érigée ici une grande tour de guet romaine ayant pour fonction de surveiller la route entre Aventicum et l'Oberland bernois – ce que le Roi des lutins avait appris à l'école. D'ailleurs, l'évocation de cette tour se retrouve jusque dans les noms des localités voisines, Torhalten et Torenöli. Ici aussi, de valeureux faits d'armes ont été accomplis, que je leur mentionne alors. J'élude toute référence aux chevaliers, trop conscient du fait que mon aîné a pu apprendre en cours d'histoire que les chevaliers n'avaient rien à faire chez les Romains !

L'occasion pourtant est propice à ce que j'en rajoute une couche, et je ne résiste pas. Près de Wart se trouve un grand morceau de gneiss en forme de menhir ! La petit pancarte adjacente fournit quelques explications : « Un très ancien randonneur du Schwarzenburgerland charrié ici par le glacier du Rhône il y a environ 50 000 ans ». Ni une, ni deux, j'ajoute Obélix à mon histoire. Mais je ne le fais intervenir que brièvement, qui plus est dans un rôle secondaire : il serait trop facile de prendre d'assaut Grasburg avec un Gaulois invincible.

Au château, nous coupons par les champs, jusqu'au hameau de Schlössli où nous nous engageons dans la forêt. Je renonce à ajouter un autre château à mon histoire, pour ne pas compliquer plus encore l'intrigue. La descente abrupte nous mène entre des rochers de grès. Le chemin de service a été creusé artificiellement dans la pierre il y a bien longtemps. Un chemin idéal pour approcher lentement du château. Une approche lente, c'est bien de cela dont il s'agit, car le sentier cahoteux est si raide que le Prince des bois se serait étalé de tout son long si nous avions voulu prendre d'assaut le château.

Nous atteignons l'ancienne rampe du pont au pied de la forteresse, où se trouve un large escalier. Mais s'y engager serait à la fois trop facile et trop voyant. Nous décidons d'emprunter un sentier passant devant un petit abri. Ce sentier n'est pas entretenu, mais il est équipé de rampes pour les passages les plus raides, de sorte qu'il est tout à fait praticable pour des enfants accompagnés d'adultes, à condition qu'il soit sec. Tendus, nous contournons le château pour atteindre de l'autre côté un vieil escalier qui nous mène à une porte en pierre. Si les chevaliers avaient emprunté cette voie, ils auraient eu autant de succès que nous !

Nous pénétrons dans le grand corps de bâtiment du château, ou plutôt ce qu'il en reste. Pour prendre d'assaut le château, nous devons nous montrer prudents. Une échelle en fer mène aux murs de l'aile ouest. Dans la partie est, une tour résidentielle est encore bien conservée, dans laquelle enfants et adultes peuvent se faufiler par une ouverture étroite. À côté se trouve un bâtiment avec des embrasures accessibles par des échelles en fer. Bientôt, le roi est libéré, et nous célébrons l'événement avec des saucisses grillées au feu de bois.

Le trajet de retour commence en une grande procession triomphale. En compagnie du roi libéré, nous quittons le château par l'escalier, et nous engageons ensuite dans la montée raide par le chemin de service. Peu avant Schlössli, nous bifurquons sur le sentier d'aventures de Grasburg. Mais bientôt, nous remarquons que nous sommes suivis par les Hohenstaufen vaincus. Nous nous enfuyons à travers la forêt. Notre fuite prend fin à Torenöli, où nous arrivons sur l'ancienne voie romaine, dont le pavement a été remis en état il y a vingt ans. De nouveau, nous changeons d'époque et nous nous retrouvons à piloter une voiture de course imaginaire qui nous attend, nous les libérateurs. Ce bolide nous conduit dans les gorges de la Singine et au Sodbachbrücke. Et alors que nous y attendons le bus, nous rafraîchissons dans la rivière nos esprits échauffés par la fuite.

Impressionner les enfants

Cette randonnée, contrairement à celles présentées dans le chapitre précédent, est tout sauf spontanée. Nous nous étions déjà rendus dans la région, et je savais donc à quoi m'attendre, y compris sur le plan historique. J'avais préparé à l'avance l'histoire à raconter, en me laissant de la marge pour l'agrémenter çà et là, suivant l'inspiration du moment. Merci Internet et les panneaux d'informations.

Les mamans et les papas qui sont capables, en randonnée, de trouver des choses intelligentes à raconter, font une forte impression sur leurs enfants. Du moins, c'est mon expérience. Pour ma part, je ne suis pas un intellectuel. Il me reste certes pas mal de connaissances de ce que j'ai appris à l'école, mais pas de quoi faire de l'esbroufe. Raconter la formation des Alpes ? Reconnaître les espèces d'arbres ? Expliquer la fonte des glaciers ? Hmmm, mes enfants ont le chic pour me poser des questions embêtantes. À quoi bon savoir puisque aujourd'hui, il n'est pas nécessaire d'avoir réponse à tout soi-même, et qu'il est possible de tout trouver (sur Internet, naturellement) ? Pour autant, dans ce type de situations, dégainer son smartphone manque un peu de classe – à supposer bien sûr qu'on ait du réseau. « Excusez-moi, chers enfants, je chercherai à l'occasion comment s'appelle cette grenouille, et je vous tiendrai au courant demain » : le moins que l'on puisse dire, c'est que ce n'est pas des plus convaincants non plus.

Mon intention est toujours de préparer mes randonnées, y compris sur le plan du contenu, mais je n'y parviens pas forcément. Une fois les enfants couchés entre 20 et 21 heures, ma femme et moi devons encore ranger la cuisine et la moitié de l'appartement, préparer le sac à dos et les vêtements de randonnée, sans oublier le pique-nique, etc. Quand nous avons terminé, il est généralement près de 23 heures, et nous sommes épuisés. Avec ce qui nous reste d'énergie, nous réglons le réveil pour ne pas manquer le train le lendemain matin. Alors, devoir encore si tard chercher des informations sur la formation d'une cluse ou sur la coexistence entre champignons et algues dans du lichen ? Pas question ! Je préfère essayer, le lendemain, d'esquiver habilement les questions des enfants, afin qu'ils ne se rendent pas compte que je n'ai aucune idée des réponses.

C'est ainsi que j'ai eu l'idée des antisèches, que vous trouverez dans la deuxième partie du livre. Ce sont des notes courtes et concises, à la manière de celles que je préparais pour les cours quand j'allais au lycée. Mais en l'occurrence sur le thème de la randonnée. Celles présentées dans ce livre sont assez générales, afin qu'elles puissent servir pour plusieurs randonnées si vous vous trouvez dans une région de randonnée assez grande.

Il suffit aux mamans et aux papas randonneurs de les emporter avec eux, après les avoir photographiés dans le livre avec leur smartphone ou les avoir imprimés à partir du site web suisse-rando.ch/randonner-en-famille. Étudiez-les en toute tranquillité et discrétion dans le train, pendant que vous envoyez les enfants jouer dans le wagon-jeu. Mémorisez ce que vous pourrez leur présenter avec assurance deux heures plus tard. Certains faits et éléments qui y sont mentionnés sont véritablement impressionnants. Effet garanti ! Et soyez assurés que dans vingt ans encore, les enfants raconteront à leurs amis ou à leurs propres enfants à quel point ils ont appris de choses grâce à leurs parents lors de ces randonnées. Cela fait toujours plaisir !

Vous pouvez recourir à ces antisèches de temps à autre, mais pas à chaque randonnée. Il est essentiel de les utiliser habilement, afin que les enfants n'en viennent pas à soupçonner leur existence. La plupart du temps, elles fonctionnent mais, en toute franchise, sachez qu'il m'est arrivé de faire chou blanc. Notamment lors de la randonnée près de Môtiers.

Les phénomènes produits par l'eau sur le calcaire, j'en ai entendu parler des quantités de fois, j'ai aussi beaucoup lu dessus, d'abord à l'école, puis dans les livres, et enfin lors de mes recherches pour mes randonnées. Pourtant, je suis bien incapable d'en expliquer quoi que ce soit ce jour-là à mes enfants, dans le lit d'un ruisseau asséché près de Môtiers. La mousse séchée a tout envahi, il n'y a pas une goutte d'eau. Cinq mètres plus bas, juste après l'endroit où le Roi des lutins se prélasse dans la mousse, jouant avec la Fée enchantée à un jeu verbal un peu curieux, l'eau coule. Et pas en un mince filet. L'eau d'un petit ruisseau se fraie un chemin parmi les pierres. En théorie, je sais d'où elle provient, mais en l'occurrence, ici, c'est une véritable énigme. Je « sèche » !

Les enfants accueillent avec un intérêt circonspect mes tentatives d'explications, ainsi que les références que je donne. Jouer est plus important pour eux. D'ailleurs, le Prince des bois crapahute dans le lit du ruisseau, totalement absorbé par tout ce qu'il voit, s'aventure dans les sous-bois et renverse, non sans me jeter un coup d'œil malicieux, un tas de pierres empilées – ce qu'on appelait autrefois un « montjoie ». Aussi, je garde mon enthousiasme pour moi.

Pour cette randonnée, nous sommes allés spécialement dans le Val-de-Travers, dans le canton de Neuchâtel. Pour une randonnée d'une heure et quart, c'est presque un peu exagéré, je sais. Mais, en cette

chaude journée d'été, la randonnée jusqu'à la cascade de Môtiers combine idéalement la marche en forêt et l'aventure dans la fraîcheur de la grotte, sans oublier le spectacle idyllique de la cascade, quand bien même l'eau ne coule pas à profusion.

Nous nous engageons dans la forêt et commençons à monter. Le Roi des lutins nous explique alors que les randonnées en forêt, c'est ce qu'il préfère. Rien de mieux pour motiver les deux autres. Bientôt, nous passons devant des herbes hautes. Nous les tendons entre nos pouces et soufflons dedans. Le son est parfois très grave, parfois très aigu. Curieux, non ? Nous sommes bien incapables de l'expliquer.

Ensuite, le chemin nous mène jusqu'à une grande croix, en hauteur, recouverte de bâches militaires et de longues herbes séchées de couleur gris verdâtre. Nouvelle énigme ! Qui l'a empaquetée ainsi ? Les participants à un camp d'été installés dans une clairière un peu plus loin ? Des soldats ?

Nous atteignons la cascade, que nous contemplons depuis un petit pont. En toute franchise, « cascade » est un peu exagéré pour désigner le spectacle sous nos yeux. Je me souviens être venu ici seul, au printemps, il y a deux ans. Aujourd'hui, en comparaison, il y a beaucoup moins d'eau. Mais les enfants s'en moquent, la grotte en contrebas les attire, aussi nous nous empressons d'y descendre par le chemin de randonnée qui zigzague.

Arrivés en bas, les enfants ne s'intéressent qu'un bref instant aux énormes rochers recouverts de mousse, sur le bord de la cascade. L'ouverture, derrière un gros rocher à côté de la chute d'eau, les intéresse bien plus. Les pieds bien secs, nous pénétrons dans la grotte – au printemps, j'avais eu toutes les peines du monde, de l'eau jusqu'aux chevilles, à contourner le gros rocher sans être trempé.

Allumant nos lampes de poche, nous nous hissons à l'aide d'une corde fixée à la paroi. Nous escaladons les rochers glissants, en nous accrochant aux parois humides. La lumière parvenant de l'ouverture de la grotte se fait de plus en plus faible. Le Prince des bois a son compte. Il en a assez, explique-t-il. La Fée enchantée, du même avis, propose d'aller avec lui nous attendre à l'entrée de la grotte ; ayant enlevé ses chaussures, elle a maintenant froid aux pieds.

Alors, avec le Roi des lutins – puis dans un deuxième temps avec la Fée enchantée, j'explore la grotte de Môtiers. Cette exploration s'effectue sans problème avec deux lampes de poche, de bonnes chaussures et une dose adéquate de prudence. À un moment, la grotte descend, et la lumière du jour disparaît totalement. Nous éteignons nos lampes : les yeux ouverts, nous ne voyons plus rien. Nous n'entendons rien. Nous ne sentons que l'air froid et humide. Nous savons que des chauve-souris nichent ici, mais nous ne pouvons ni les voir ni les entendre. C'est un peu effrayant, comme je le fais remarquer aux deux enfants. Mais aussi incroyablement excitant. Le trajet du retour – quand bien même il n'en existe qu'un – semble soudain totalement différent de ce qu'il paraissait être quand nous sommes entrés dans cette grotte. « Et maintenant, on va où ? » nous demandons-nous. Pour finalement découvrir peu après que le trajet de retour est des plus simples.

Dehors, c'est pique-nique. La route jusqu'à Môtiers n'est plus très longue maintenant. Nous explorons le lit du ruisseau évoqué précédemment, dans lequel se jette un deuxième cours d'eau. Lui aussi est asséché, et nous décidons alors de le suivre plutôt que le chemin de randonnée. Nous montons de petits niveaux, sautons de pierre en pierre, quand soudain, comme surgi de nulle part, nous nous retrouvons face à un bassin. Dans le Jura, l'eau est en effet une véritable énigme. Mais là encore, les enfants ne m'écoutent pas. Je renonce bien vite à mes explications.

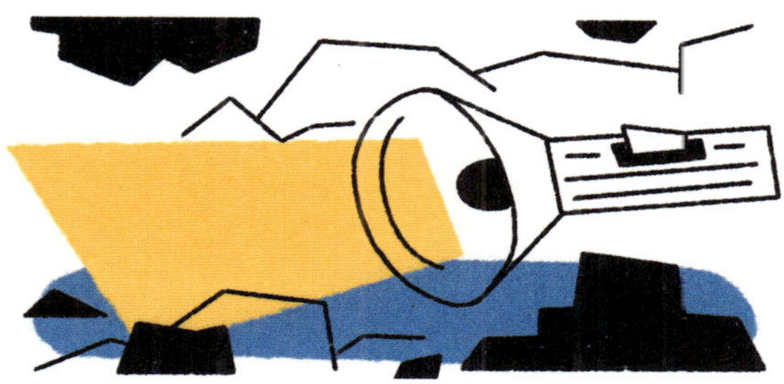

Petites idées, gros effets

C'est une évidence : lors de cette journée d'été dans le Val-de-Travers, les attraits de la randonnée et les jeux spontanés ont primé sur mes tentatives bien intentionnées de transmettre des connaissances. C'est aussi bien quand une randonnée se déroule naturellement sans accrocs et sans intervention de ma part, quand aucun des enfants ne refuse d'avancer ou demande à être porté. Souvent, ce sont des idées simples qui font la réussite de toute la randonnée, comme l'illustrent les deux exemples suivants.

La randonnée jusqu'à la fente de Bachtelspalt (canton de Zurich)

Quelque temps avant cette randonnée, j'ai reçu en cadeau d'un fournisseur de matériel de plein air un sac jaune vif solide, fabriqué à partir de matériaux recyclés et imperméables. Un fermoir très pratique permet d'accrocher le sac au sac à dos.

Ce sac est idéal pour le « ploking », c'est-à-dire le ramassage des déchets pendant les randonnées. Ce concept vient de Suède. En suédois, « plocka » signifie « collecter », « ramasser ». Associé à « jogging », on obtient « plogging ». Ma consœur bloggeuse Vera et son chihuahua alpin ont quant à eux combiné « ploka » et « hiking », « ploking ».

En cette journée d'été, nous commençons donc par du « ploking ». Il n'y a pas grand-chose à ramasser, mais nous sommes à fond, et bientôt, tout le chemin forestier devient une zone de recherches pour notre famille. Bien plus tard, nous atteignons la fente de Bachtelspalt. Si vous n'êtes pas de Zurich, les explications suivantes sur cet endroit sont peut-être les bienvenues. En août 1939, l'offensive du Blitz a provoqué une explosion dans la roche et creusé une fente d'environ 30mètres de profondeur. L'effet est saisissant : à l'entrée, un adulte doit se contorsionner pour s'y faufiler. Gare à vous si vous avez fait un déjeuner trop copieux juste avant ! Ensuite la fente s'élargit, avec une ramification en deux bras latéraux. Les enfants s'amusent bien, et je dois reconnaître que moi aussi. Jusqu'à ce que le « ploking » revienne sur le tapis, et que nous rebroussions chemin – bien sûr en ramassant ce qui doit l'être sur le trajet du retour.

La randonnée hivernale entre Schermtanne et le village d'Adelboden (canton de Berne)

Après une randonnée hivernale de plusieurs heures avec les grands-parents depuis Tschentenalp jusque dans la vallée, le Roi des lutins et la Fée enchantée, le visage rayonnant d'espoir, m'ont demandé si nous pouvions retourner à pied jusqu'au village. Je ne me suis pas fait prier. Alors que les grands-parents reprenaient le bus avec le Prince des bois, nous nous engageons sur le chemin escarpé pour rejoindre le Hörnliweg, comme on nomme le sentier panoramique d'Adelboden.

Mais en ce jour de décembre, ce sentier n'est pas à proprement parler une randonnée hivernale : il est quasiment dépourvu de neige, à l'exception des portions à l'ombre. Il est balisé au moyen de piquets dont les couleurs et les matières tout à fait arbitraires – ne répondant en aucun cas aux spécifications de l'association Suisse Rando, qui prévoient du rose pour l'hiver. Mes enfants sont au comble de la joie quand ils se rendent compte qu'ont été recyclés ici d'anciens piquets de slalom. Ni une, ni deux, les voilà dans l'idée de faire du slalom, ici, sur le sentier dépourvu de neige. Nous nous frayons un chemin dans la boue, créant ainsi la toute nouvelle discipline de randonnée slalom.

En voici les règles : chaque piquet doit être franchi alternativement par chaque côté, autrement dit une fois par la gauche (assez facile, car sur le tracé du chemin) et la fois suivante par la droite (moins facile, car en dehors du tracé du chemin). Peu à peu, nous élaborons de nouvelles règles, et chaque piquet selon sa couleur doit être passé d'une certaine manière :

- **Rose :** sur une jambe
- **Vert :** à genoux (interdit en cas de boue sur le chemin)
- **Rouge :** avec une pirouette finale
- **Bleu :** avec au moins un œil fermé
- **Jaune-noir :** en faisant une chute intentionnelle dans la neige (également interdit en cas de boue)

Cette curieuse danse nous envoûte totalement : concentrés, nous nous balançons de piquet en piquet, parfois en nous bousculant, ce qui finit immanquablement par une chute commune dans la neige ou dans le champ où nous atterrissons. Nous oublions totalement l'heure, et quand nous arrivons au village, la nuit est tombée depuis longtemps.

Des jeux pour pallier les baisses de motivation

Les randonnées brièvement évoquées ci-dessus sont de véritables aubaines. Qui sont à prendre et à savourer sur le moment. Pour autant, il arrive parfois en randonnée que certains tronçons traînent en longueur. Il devient alors difficile de motiver les enfants : un chemin s'étire tout droit, une descente est longue, un chemin de terre est ennuyeux. Dans ces moments-là, les jeux sont tout indiqués. Avec mes enfants, nous jouons aux mêmes jeux simples que ma femme et moi trouvions amusants quand nous étions enfants. Et les enfants en redemandent. Par chance, ils peuvent aussi jouer entre eux, car ce sont nous, parents randonneurs, qui trouvons parfois ces jeux ennuyeux. Leur avantage est qu'ils ne nécessitent que très peu de matériel ou de préparation. On peut donc commencer à jouer sur-le-champ !

Rechercher et photographier des personnages fantastiques

Qui trouvera le plus beau visage dans la roche ? La pierre qui ressemble à une tête d'éléphant ? La racine qui nous fait un clin d'œil ? Le nuage qui ressemble à un lapin ? Nous cherchons des visages qui nous observent. Avec les lunettes de soleil, nous leur donnons des yeux, et nous prenons des photos amusantes avec le smartphone. Nous commençons à avoir une bonne collection de ces images.

Qui suis-je ?

Un grand classique qui fonctionne très bien encore aujourd'hui. Quelqu'un choisit une personne, un animal ou une créature fantastique et demande : « Qui suis-je ? » En posant des questions, les autres cherchent alors à deviner de qui il s'agit. La personne n'est autorisée à répondre que par « oui » ou « non ».

Je vois ce que tu ne vois pas

Quelqu'un choisit quelque chose présent dans l'environnement. Par des questions, les autres doivent deviner de quoi il s'agit. Là encore, la personne n'est autorisée à répondre que par « oui » ou « non ».

Cacher des oursons en gélatine

Prenant de l'avance sur les enfants, je cache des oursons en gélatine sur le chemin, que les enfants doivent trouver. Ce jeu fonctionne toujours bien, sauf quand on croise des chiens : en général, ces derniers trouvent les oursons plus vite que les enfants.

Chercher des choses

Je demande à chaque enfant de chercher deux ou trois choses pendant la randonnée, par exemple une primevère ou une cabane de montagne. Quand un enfant trouve l'une de ces choses, je lui donne autre chose à chercher. Variante : chaque enfant doit trouver dix choses de couleur jaune, bleue ou rouge. Ce jeu marche aussi très bien lors des voyages en train. Sur mon smartphone, j'ai une longue liste de choses que je peux proposer aux enfants de chercher.

Vrai ou faux ?

À partir des différentes choses que nous voyons pendant la randonnée, je crée une histoire que je raconte à mes enfants. Ils doivent découvrir si cette histoire est vraie ou fausse. Même si ces histoires sont fausses à 90 % et cousues de fil blanc et que mes enfants le découvrent très vite, ce jeu est très amusant. Les légendes locales constituent un bon réservoir pour ces histoires.

Si vous avez beaucoup d'éléments sur l'environnement dans lequel vous vous trouvez, vous pouvez raconter deux histoires sur le même thème. Une vraie et une fausse. Les enfants doivent alors trouver laquelle est vraie.

Voici des exemples de « faits » que l'on peut raconter à propos d'un rocher : A) Il a été charrié ici par un glacier. B) Un géant en colère l'a jeté ici. Les exemples sont innombrables. La grande trouée dans la forêt de protection a-t-elle été défrichée pour faire passer une canalisation, ou a-t-elle été créée par un glissement de terrain ? Ou bien est-ce le diable qui a joué au bowling au sommet de la montagne ? Cette doline a-t-elle été créée sous l'effet de l'effondrement d'une grotte souterraine ou s'est-elle formée il y a bien longtemps lorsqu'un mammouth a trébuché et est tombé de tout son poids, faisant ce trou dans le sol ?

Je fais mon sac à dos

Le premier joueur énonce à voix haute un objet à mettre dans le sac à dos. Le suivant reprend les objets précédents dans le bon ordre, avant d'en ajouter un nouveau. Ce jeu est aussi un classique, dans lequel les enfants sont très bons ! Attention donc, mamans et papas, à ne pas vous faire battre à plate couture !

Marathon des mots

L'un après l'autre, chacun doit former un mot dans lequel la dernière syllabe constitue la première syllabe du mot suivant. Par exemple : partir ► tirade ► adéquat ► quadra ► dragon ► etc. Facile, et cela peut occuper un bon moment sur une portion de randonnée un peu ennuyeuse.

Inventer ensemble des histoires

Quelqu'un commence une histoire par une phrase, quelqu'un d'autre ajoute une deuxième phrase, une troisième personne une troisième phrase et ainsi de suite. Il en résulte souvent des histoires très drôles et pleines de surprises.

Ornements végétaux

Les fleurs, les feuilles et les herbes constituent de fabuleux ornements. Pourquoi ne pas se « peindre » les ongles en violet avec des pétales de fleurs humidifiés ? Les fleurs sont idéales pour tresser des couronnes pour les cheveux ou le cou, et leurs feuilles parfaites aussi pour des tatouages. Il convient de respecter la règle suivante : ne rien porter à la bouche, car nous ne savons pas toujours quelles plantes sont toxiques.

Smarties ensorcelé

Il s'agit d'un grand classique des fêtes d'anniversaire d'enfants, mais qui fonctionne très bien pendant les moments de pause lors des randonnées. Vous disposez des smarties sur une surface. Un des enfants s'éloigne, et pendant ce temps, les autres définissent lequel de ces smarties est « envoûté ». L'enfant revient et est autorisé à manger les smarties jusqu'à ce qu'il tombe sur le smarties envoûté. C'est alors au tour d'un autre enfant. Ce jeu fonctionne aussi avec des raisins ou des noix.

De l'utilité du sac à malices

Quand je planifie une randonnée en laquelle je n'ai pas toute confiance, j'emporte toujours avec moi quelques petites choses. À la maison, dans un sac à dos, j'en ai stocké quantité au fil du temps :

- Une paire de jumelles et une longue-vue enfant pour chercher des animaux.
- Un microscope jouet pour examiner des pétales.
- Un kaléidoscope pour regarder le ciel et les montagnes. Nous essayons avec de prendre des photos créatives, ce qui nécessite un peu d'habileté !
- Quelques couteaux de poche pour enfants que j'ai achetés au marché aux puces.
- Une édition de poche d'un livre suisse sur les couteaux de poche, proposant quantité de petites sculptures faciles à réaliser.
- Une petite boîte contenant des cartes sur lesquelles sont illustrées de curieuses expressions en dialecte bernois. À partir de ces expressions, nous inventons des histoires.
- Des cartes illustrées permettant aux enfants d'identifier les plantes alpines.
- Un silex pour faire des étincelles à l'aide du couteau afin d'allumer le feu de camp.
- Un petit morceau de tissu qui devient très frais quand il est humidifié.

À l'heure de Google Maps et des outils de navigation, ceci n'est peut-être pas des plus évidents, mais il est essentiel pour moi que mes enfants sachent lire une carte et qu'ils aient vu une boussole de près. Raison pour laquelle j'en emporte une de temps à autre, afin qu'ils se familiarisent avec. En outre, j'imprime à chaque randonnée ou presque une carte sur laquelle je marque l'itinéraire que nous allons suivre. Je donne un exemplaire de cette carte à chacun de mes enfants. Ainsi, ils peuvent savoir par eux-mêmes où nous sommes, où nous allons, et où va se trouver le prochain panneau indicateur – ce qui est une grande source de fierté pour eux. Et pour moi, une grande source de réconfort : je sais qu'en cas d'urgence, ils seraient capables de se débrouiller.

Téléphones portables et lecteurs de musique deviennent de plus en plus importants pour les enfants à mesure qu'ils grandissent. C'est le cas dans notre famille, mais fort heureusement, ces accessoires ne sont pas encore un enjeu lors des randonnées. Mon collègue de bureau, Bernard, qui a des enfants plus âgés que les miens, les a autorisés lors des randonnées. Il est très important d'établir à la maison, avant les randonnées, des règles claires quant à leur utilisation. Inutile d'être trop sévère, m'a-t-il conseillé. Et garder à l'esprit que toutes les batteries finissent par se décharger.

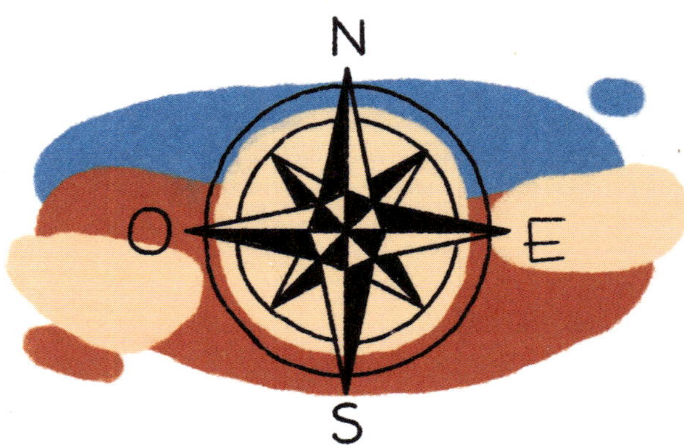

Autre grand classique (qui marche toujours) : la randonnée le long des bisses

Il est des randonnées où les aspects ludiques sont au premier plan. Outre les randonnées thématiques, qui ne sont pas spécialement ma tasse de thé, entrent dans cette catégorie les randonnées le long des bisses, sur lesquelles j'aimerais dire quelques mots. Elles offrent l'assurance d'une randonnée familiale réussie, à condition de garder à l'esprit certains points.

Faites ce que je dis, pas ce que je fais... en d'autres termes dit, il n'est jamais très sage de ne pas suivre soi-même les conseils que l'on prodigue. Surtout s'ils se fondent sur une expérience que vous avez vécue. Ce qu'il m'est arrivé lors d'une randonnée automnale le long des bisses à Grächen, dans le canton du Valais, a fait l'objet d'un article dans lequel je formulais des conseils à mes yeux importants. Le troisième point était le suivant : « Les bisses contiennent-ils de l'eau ? Si tel n'est pas le cas, impossible de faire voguer les petits bateaux, et là, c'est l'ennui assuré ! » Comme c'est vrai ! J'ajouterai en outre que l'eau doit être présente en quantité suffisante, et que les bateaux ne doivent pas être trop grands. Mais une chose après l'autre...

Et la première concerne Grächen : à cet endroit, randonner le long des bisses est vraiment très facile. Il y a quatre canaux d'irrigation parallèles, les uns au-dessus des autres, dans une forêt peu dense, longés chacun par un chemin – chemins qui de temps à autre se rejoignent. Ainsi, il est possible, selon vos envies, de passer de l'un à l'autre, ou de se perdre en jouant. En automne, les mélèzes ont une belle teinte orangée, dont se fichent royalement les enfants, mais qui réjouit les adultes. La vue superbe, le calme, la forêt clairsemée avec ses rochers moussus, les nombreuses racines et les buissons sont pour les parents autant d'agréments susceptibles de compenser l'impossibilité totale d'avancer pendant la randonnée. Si tant est que cela ait été le plan initial.

Nous nous dirigeons vers le bisse le plus en contrebas. Horreur, malheur ! Il est à sec. Pas la moindre goutte d'eau en vue ; dans le lit du canal, de la mousse a même poussé. Idem pour le deuxième canal. J'aurais dû vérifier avant notre départ, me dis-je en m'en voulant. Impuissant, je tiens dans mes mains le radeau que, un jour de pluie de la semaine précédente, nous avons minutieusement fabriqué avec nos couteaux de poche. La randonnée s'annonce des plus ennuyeuses... De l'utilité, chers parents randonneurs, de la préparation.

Mais nous n'allons pas nous avouer vaincus ! Nous continuons de gravir la montagne. « Papa a dit qu'aujourd'hui, on ne ferait qu'aller tout droit », se plaint le Prince des bois. Nous essayons alors de lui expliquer la situation, mais il s'avère plus simple de tenter de le distraire. Pour traîner le radeau derrière nous, nous avons emporté une laisse pour chien avec enrouleur. Ma femme se met alors à jouer avec le radeau au chien et à sa maîtresse, et bien vite, tout roule, tout ce petit monde se remet à avancer et à grimper.

Au troisième bisse, le soulagement : de l'eau, enfin ! Aussitôt, la Fée enchantée met le radeau sur l'eau. Il vogue sur une dizaine de centimètres, avant de se retrouver coincé au fond. Un petit coup de pouce, et il avance de cinq autres centimètres, avant de se retrouver de nouveau coincé, cette fois contre la rive. Nouvelle poussée, puis une autre, mais rien à faire : le radeau n'avance plus. Nous le tirons vers nous avec la laisse. Mais ce n'est pas chose aisée, car il se coince encore et encore contre la rive.

Bientôt, les mésaventures du radeau cessent d'intéresser les enfants. Ces derniers se mettent à chercher des pommes de pin qu'ils jettent dans le canal et dont ils suivent le parcours en courant – les pommes de pin ont moins de tirant d'eau. Quand elles se retrouvent coincées quelque part, les enfants se servent de bâtons pour les libérer. Ils attendent avec impatience la sortie de leurs embarcations improvisées lorsqu'elles passent sous un tunnel. Ils se remettent à courir après, nous plantant là, ma femme et moi, avec le radeau. Alors nous profitons de ce moment à deux, de la vue, de la forêt magique, du soleil. Que demander de plus ?

La prochaine fois, nous préparerons mieux cette randonnée le long des bisses. Pour mieux organiser ce type de randonnée, les huit points suivants sont à considérer :

- De nombreux bisses longent des amoncellements abrupts de rochers ou des parois rocheuses. Les sentiers nécessitent une bonne dose d'expertise et de ne pas être sujet au vertige. Ils sont donc réservés aux randonneurs expérimentés. Pour les familles avec de jeunes enfants, seuls conviennent les chemins sûrs le long de ces canaux d'irrigation.
- Il est indispensable de déterminer le sens de l'écoulement du canal. Avec des enfants, seul un écoulement en descente, vers le bas, peut être amusant, car impossible sinon pour leurs petits bateaux de remonter le courant.

- De l'eau se trouve-t-elle déjà dans le canal ? Les bisses en contiennent d'avril à juin. La règle est la suivante : plus ces canaux sont en altitude, plus l'écoulement d'eau se poursuit au-delà de cette période. N'hésitez pas à vous renseigner auprès des offices de tourisme, bien informés.
- Le long des bisses, il est possible de tomber sur des variétés de plantes et d'animaux rares, dont beaucoup sont protégés. Mieux vaut laisser ces derniers tranquilles et ne pas faire de feu.
- Prévoyez des vêtements de rechange, ainsi qu'un sac en plastique et des chaussettes sèches, afin de pouvoir remettre vos chaussures mouillées.
- Prévoyez beaucoup de temps pour plonger vos pieds dans l'eau glacée des glaciers. Pour construire des petits bateaux. Pour faire des expériences. Du coup, n'oubliez surtout pas les couteaux de poche !
- Pourquoi ne pas emporter un petit bateau que vous traînerez derrière vous avec une ficelle ?
- Ne touchez pas aux écluses ! Même s'il est des plus tentants de détourner le cours de l'eau, cela n'est pas sans conséquences (dommageables) pour les agriculteurs. En outre, il faut s'abstenir de jeter de gros objets dans l'eau. Les périodes auxquelles les agriculteurs sont autorisés à irriguer leurs champs sont très précisément définies. Raison pour laquelle les experts des bisses vont jusqu'à parler de vol lorsque l'eau est détournée.

Ce que les enfants et les ânes ont en commun

La variante « de luxe » de la randonnée ludique est sans conteste la randonnée avec des animaux. Mais il s'agit aussi d'une variante coûteuse. Avec ma famille, nous ne l'avons guère pratiquée, à l'exception d'une promenade depuis une ferme du Jura français où nous passions cette année-là les vacances de printemps.

Et dans cet endroit nommé Les Plaines, j'ai pu faire le constat suivant : chacun se voit attribuer l'âne qui lui correspond. Au départ, le petit âne gris n'est pas si facile à mener. D'où ma question : dois-je m'interroger sur mon caractère ? Est-ce que je ne me laisse pas non plus facilement conduire et mener ? Ou alors – et cette hypothèse a ma préférence – est-ce qu'on me considère comme capable de conduire des êtres/créatures au caractère difficile ?

Peu importe. Revenons, non pas à nos moutons, mais à cette ferme du Jura français. Nous sellons Maximus, l'âne gris, sur lequel le Prince des bois peut monter et que je dois mener au moyen d'une longe. En outre, ce type d'âne est plutôt crasseux, ce que j'ignorais jusque-là : quand on le tapote amicalement sur le dos, un nuage de poussière se dégage, comme si on battait un tapis que l'on n'aurait pas nettoyé depuis des années. Ce qui ne nous empêche pas de continuer, d'autant plus que je me dis que se mettre dans les bonnes grâces de l'animal ne peut pas faire de mal.

Barbara, la fermière, nous apprend donc comment nous débrouiller avec les ânes. La règle la plus importante : si l'âne cherche à s'enfuir, attraper l'enfant ! À cet instant-là, tout le reste est secondaire. Message reçu. Suivent d'autres instructions, puis nous nous mettons en route. Ou plutôt, les autres ânes se mettent en route, parce que Maximus fait sa mauvaise tête. C'est son premier tour de la saison, et il ne semble pas l'avoir attendu avec impatience. À moins qu'il ne cherche simplement à me montrer qu'on n'entre pas aussi facilement dans ses bonnes grâces ?

Je suis alors le conseil de Barbara, je ne tire plus sur la longe, car cela ne mène à rien. Je me place au niveau de la tête de l'animal et, d'une voix amicale, je l'encourage à se mettre en route : Allons-y, mon copain !, tandis que je me mets à avancer. Et voilà que l'âne m'imite ! Malheureusement, il n'avance que d'un pas ou deux. Alors, je recommence, et Maximus m'imite encore.

Il n'a fallu que quelques mètres, et voilà que nous ne sommes déjà plus en phase, Maximus et moi. Ce qui me chagrine au plus haut point, mais qui ne semble pas perturber du tout l'animal, qui se met en tête de brouter des herbes juteuses sur le bas-côté, ce que je l'empêche de faire. Je m'efforce d'appliquer les conseils de Barbara, qui m'a recommandé de me montrer ferme avec l'âne au début, sous peine sinon de le voir n'en qu'à sa tête tout l'après-midi. Montrant alors mon côté autoritaire, je tire doucement sur la longe pour que l'animal relève la tête.

Mais rien n'y fait : nous continuons à faire du sur-place. Barbara vient à mon secours. Se plaçant derrière l'animal, elle le pousse de ses deux mains. Maximus se met enfin en route. Je garde en tête la manœuvre, et pendant dix minutes, j'alterne joyeusement entre tirer sur la longe, me placer au niveau de la tête de l'animal pour l'encourager, ou derrière lui pour le pousser. De la sorte, nous parvenons tant bien que mal à suivre le groupe, mais de loin.

En fait, me dis-je alors, c'est un peu comme quand on randonne avec des enfants. Un enfant, il faut parfois le tirer, souvent en vain. Il faut aussi se retourner pour le regarder, se baisser pour se mettre à son niveau, lui parler avec douceur, faire preuve de compréhension, l'encourager. Et soudain, ça repart. Parfois, l'enfant est buté et ne veut rien entendre. Dans ce cas, une poussée symbolique par derrière est parfois nécessaire. Il faut aussi de temps à autre se montrer ferme, pour éviter que l'enfant se perde en cueillant des fleurs ou en ramassant des pierres au bord du chemin.

La maxime voulant que chacun se voie attribuer l'âne qui lui correspond semble donc vraie. En tout cas, Maximus me convient parfaitement, il avance de mieux en mieux, mais apprécie aussi quand je viens lui parler, et a toujours envie de brouter de l'herbe. Au bout de ce qui me semble être au moins la centième fois, je n'ai plus à me montrer aussi ferme avec lui. Peu à peu, les poussées par derrière n'ont plus besoin d'être aussi fermes et deviennent plus amicales.

Plus tard, alors qu'entretemps le Roi des lutins a pris les rênes, Maximus se montre d'excellente composition. Je peux donc me concentrer sur le ramassage de branches de sapin bien juteuses, que je lui donne généreusement à brouter après notre retour à la ferme. Sans aucune intention de m'octroyer ses bonnes grâces.

CHAPITRE IV

PORTER LES ENFANTS

En matière d'équipement de randonnée, il n'y a qu'un seul objet auquel je suis véritablement attaché et à propos duquel, lorsque j'en parle, je me laisse aller à mes émotions : le porte-enfant. Il est aujourd'hui encore entreposé dans notre cave, bien qu'il ne soit plus utilisé depuis longtemps. Mais, s'en débarrasser n'était pas envisageable. Et cela tant pour ma femme que pour moi, comme nous le savons pertinemment sans avoir besoin d'en parler ensemble. Pendant plus de dix ans, randonner avec un enfant dans le porte-enfant ne revêtait pas seulement une dimension pratique : pour nous, c'était un mode de vie. Le porte-enfant symbolisait notre liberté de mouvement et d'entreprendre, même avec un enfant en bas âge. Avec notre aîné, nous avons emprunté le « chemin des nains », le Zwergenweg, à Hasliberg, en faisant des batailles de pommes de pin. Avec les deux premiers, nous avons entendu brâmer les cerfs dans le Parc national et les avons pistés avec nos jumelles. À cinq, nous avons relevé le défi des gorges de Choleren, avec le benjamin dans le porte-enfant, pour finalement, au retour, voir le bus nous passer sous le nez, le chauffeur ne s'étant pas arrêté. Il nous aurait fallu prendre notre mal en patience et attendre une demi-heure dans le froid automnal si une automobiliste du coin, ayant observé la scène, ne nous avait pas pris en voiture avec elle. Sans oublier nos circuits routards de plusieurs semaines à Cuba et en Thaïlande. Avec les enfants et, bien sûr, le porte-enfant.

Nous avons beaucoup porté nos enfants, et ce, depuis leur naissance. D'abord avec une écharpe porte-bébé, tout contre nous, le plus près possible du corps. Pour moi en tant que père, cette période a été très importante pour créer avec mes enfants la symbiose que je n'ai pas pu connaître pendant les grossesses de ma femme. Porter ainsi mes enfants m'a donné l'opportunité d'éprouver cette proximité avec mes enfants, de les sentir, et de créer un lien avec eux. Ensuite, nous sommes passés au porte-bébé, qui permet de porter les enfants dans le dos ou contre sa poitrine. Puis ensuite au porte-enfant de randonnée. Est-ce en raison de cette habitude d'être portés que les trois ont toujours aimé le porte-enfant, profitant de la vue et du paysage pendant les randonnées ? Est-ce parce qu'ils s'y sentaient si bien qu'ils s'y sont endormis un nombre incalculables de fois, bercés par le balancement et le rythme des pas ? Je l'ignore ; quoi qu'il en soit, je leur en suis reconnaissant.

Pour moi, le porte-enfant de randonnée n'est pas un objet comme les autres. D'ailleurs, je deviens même sentimental en en parlant. Et parfois un opposant à l'Union européenne. Mais une chose à la fois. Pour ma femme et moi, parents tout frais émoulus, l'achat de ce porte-enfant de randonnée a constitué un moment très spécial. À l'époque, notre choix s'est porté sur un modèle bleu foncé avec des inserts rouges réfléchissants. Fin, élégant, sans pieds de support saillants et gênants. Nous étions aussi heureux que des enfants quand, pour la première fois, nous y avons installé le Roi des lutins – j'ai l'impression que c'était hier. Depuis ce jour, jamais je n'aurais troqué notre Macpac contre un autre modèle.

Car aujourd'hui encore, quand je croise en randonnée des gens avec un porte-enfant, je ne peux m'empêcher de trouver affreux ces pieds de support. D'ailleurs à quoi servent-ils puisqu'il est interdit de laisser un enfant endormi dans un porte-enfant posé à terre ? Pourtant, impossible d'en trouver aujourd'hui sans ces pieds de support : un règlement européen quelconque l'interdit, comme me l'a expliqué un jour un fabricant de porte-enfants Macpac. L'époque où, de temps à autre, il était possible de voir de beaux porte-enfants de randonnée est ainsi irrémédiablement révolue. Cela me met hors de moi, et dans ces moments-là, je déteste l'Union européenne. Mais heureusement, cet énervement ne dure que quelques minutes, puis ma fibre sentimentale reprend le dessus.

Le point de bascule

Après tant d'années de bons et loyaux services, je me refusais à envisager la fin du porte-enfant de randonnée. Bien sûr, j'ai souvent pensé à son poids, conséquent, mais quand cette pensée me traversait l'esprit, je m'empressais de la chasser. Pourtant, il était lourd : une fois le Prince des bois installé dedans, j'avais, de fait, 21 kilos sur le dos. Mais le garçonnet de 3 ans n'en a jamais rien su. Je mettais un point d'honneur à ce qu'il ne remarque rien.

En août 2017, lors d'une randonnée dans l'Alpstein, dans le canton d'Appenzell, je prends conscience pour la première fois qu'il est temps que, peu à peu, je me fasse à l'idée que la troisième et dernière phase du porte-enfant de randonnée touche à sa fin : machinalement, j'ai emporté les bâtons de randonnée. Comme pour conforter sur quatre jambes cette acceptation naissante. Sur le sentier panoramique de Hoher Kasten à Staubern, puis jusqu'à Bollenwees, les bâtons me rendent bien service, car au-delà de la distance, le sentier descend de temps à autre en pente raide. Mais ils ne soulagent en rien le poids. Mes épaules et mon bassin me font souffrir et mettent à mal ma décontraction de papa randonneur. Comme s'il l'avait senti, le Prince des bois soudain veut descendre du porte-enfant et marcher tout seul. Ce qui me réjouit profondément : tel père, tel fils. Mais je sais aussi que cette liberté nouvelle est aussi très limitée. Nous continuerons de prendre avec nous le porte-enfant de randonnée et d'y installer et d'en sortir toutes les demi-heures le Prince des bois. Les randonnées familiales suivantes exigeront de moi une patience considérable. Les petites jambes du Prince des bois empêchent toute progression rapide, de sorte que les trajets, même sur de courtes distances, nécessitent beaucoup de temps.

La longue transition

L'une de ces distances assez courtes est celle que l'on parcourt de Pré Petitjean à Bollement dans les Franches-Montagnes, dans le canton du Jura. C'est aussi la première où nous avons laissé le porte-enfant de randonnée à la maison. Nous traversons les pâturages, à la recherche de quarante chevaux. Car à notre arrivée à la gare, j'ai promis à mes enfants de leur offrir une glace si nous croisons quarante chevaux. La randonnée commence bien, le Prince des bois repère tout de suite et partout des chevaux, au point que j'envisage d'augmenter le quota à atteindre. Mais ce n'est pas nécessaire, car il s'avère qu'arrivés au buffet de la gare de La Combe, nous en avons compté seulement dix-neuf. Et uniquement parce que peu de temps avant, un grand nombre de chevaux nous a dépassés. Mais je me laisse attendrir, et je paie quand même ma tournée de glaces.

Jusqu'ici, le Prince des bois a bien marché – avec de nombreuses pauses sur le Plain de Saigne, où la Fée enchantée a cueilli des fleurs, tandis que les garçons essayaient de se cacher dans la mer de pissenlits. Mais maintenant, l'entrain est retombé. Cela tient aussi au sentier, qui sur une distance assez longue suit la voie ferrée et le ruisseau Tabeillon. L'humeur est en berne, aussi du fait qu'il n'y a pas un seul cheval en vue. Mais je n'ai pas dit mon dernier mot, j'ai tout un stock de jeux en réserve, qui vont me permettre de regonfler le moral des troupes.

Malheureusement, cela ne suffit pas pour le Prince des bois, dont la motivation est retombée et qui est fatigué. Je me résous alors à le porter de nouveau. Par mesure de précaution, nous avions tout de même emporté le porte-bébé, qui peut encore convenir aux tout jeunes

enfants. D'ailleurs, il est parfaitement au goût du garçonnet qui, en peu de temps, s'endort dans mon dos. Pour marcher, le porte-bébé est cependant moins adapté, comme je le constate rapidement. Il ne convient pas pour les distances assez longues, et mon fils est désormais trop grand et trop lourd. Quant à moi, ma posture n'est pas confortable, de sorte que j'ai vite mal au dos. Je me laisse aller à des pensées nostalgiques et suis tenté de faire reprendre du service au porte-enfant de randonnée pour les prochaines fois.

Nous arrivons bientôt à l'étang de Bollement. Heureusement, car la réserve naturelle nous fait oublier l'ennui du chemin. Nous nous trouvons dans une petite oasis verdoyante et luxuriante composée d'un étang et d'une prairie humide aux belles couleurs. C'est un endroit qui mérite qu'on s'y attarde – ce que, d'ailleurs, nous faisons. Un peu en contrebas, nous découvrons une vieille roue hydraulique rouillée, qui devait servir autrefois à faire tourner un moulin ou une scierie.

Après une nouvelle ascension dans la forêt, nous reprenons le train pour regagner le camping où nous nous sommes installés pour le week-end. Là, nous faisons le point : nous en sommes toujours à un total de dix-neuf chevaux. Un peu plus tard, notre projet trouve une conclusion heureuse sans que nous n'ayons rien à faire. Alors que le soir tombe au camping, nous voyons passer un fermier conduisant

un troupeau de chevaux avec, pour la plus grande joie des enfants, plusieurs poulains. Les glaces sont donc totalement méritées !

L'adieu définitif

Un an et demi après ma prise de conscience dans l'Alpstein et quelques « rechutes » au cours desquelles le porte-enfant de randonnée a repris du service, nous sommes prêts : le Prince des bois fait sa première randonnée de bout en bout ! Le printemps est revenu ; nous randonnons dans le Suldtal, dans l'Oberland bernois et mon épouse et moi sommes tous les deux immensément fiers de nos rejetons. Je remarque alors à quel point je me sens léger à randonner de la sorte, après avoir été tellement habitué au porte-enfant de randonnée et au Prince des bois qui, à l'intérieur, pesait bien son poids. C'était la condition pour continuer à randonner, mais ce faisant, j'en étais quasiment arrivé à oublier mes limites physiques.

Mais maintenant, comme je l'ai dit, les choses ont changé. Pour cette randonnée, je n'ai pas même cherché à motiver les enfants de façon très originale. Je leur ai parlé de la source dans la montagne, des gentianes, des primevères et de la chute d'eau de Pochtenfall – mais une fois de plus aussi, j'en conviens, de la glace que je leur offrirais en guise de récompense. Les deux tiers de la randonnée ne s'effectuent qu'en montée, le dernier tiers est une descente abrupte. Autrement dit, pas exactement ce dont les enfants raffolent.

Pourtant, les choses commencent bien. Très vite, nous nous trouvons dans un pâturage, et la Fée enchantée se met à cacher des smarties dans l'herbe – non sans vérifier au préalable que les vaches sont à une distance plus que respectable. Que, de temps à autre, un smarties atterrisse tout près d'une bouse de vache ne nous dérange pas le moins du monde.

Le Prince des bois tient le coup. Je commence à raconter une histoire aux enfants. Dernièrement, nous avons fait l'acquisition d'une boîte de cartes de randonnée sur lesquelles sont illustrées des expressions du dialecte bernois. Nous en tirons une, où il est question de se garder de tomber dans un trou. Comme nous passons devant un veau, je fais de ce dernier l'un des protagonistes de mon histoire, veau qui, très vite, va tomber dans un trou...

Nous interrompons le récit pour faire un feu, puis nous faisons griller des cervelas, en savourant aussi la vue sur le Niesen, les lacs de Thoune et de Brienz. Nous sommes installés juste en dessous d'un poteau de téléski, ce qui ne dérange personne. Les cervelas grillés sont excellents, et pour la première fois, nous mentionnons que le Prince des bois pourrait bien se surpasser aujourd'hui. La Fée enchantée et le Roi des lutins surenchérissent et le motivent, si bien que nous nous remettons vite en route. Et je reprends mon histoire. Quand je suis à court d'inspiration, je demande aux enfants ce qu'ils feraient s'ils se trouvaient dans la situation de notre veau. Ils ne sont jamais à court d'idées, et je ne me prive pas, admirateur, de les reprendre. Nous continuons de grimper, toujours plus haut, et bientôt, nous nous retrouvons près du sommet, sur un bout de terrain rempli de crocus blancs et violets. Il y a un peu de neige sale par terre, assez pour une mini-bataille de boules de neige. Puis, peu après, nous arrivons enfin, au bout de 4 kilomètres environ et 600 mètres de dénivelé, au sommet du Greberegg, à 1595 mètres d'altitude. Là, nous découvrons la première gentiane !

Nous en trouvons ensuite d'autres, ainsi que bien d'autres variétés de fleurs; c'est une véritable éclosion printanière sur cette montagne ! Sur ce terre-plein se trouvent aussi plusieurs bancs, manifestement des donations, avec des noms originaux. Nous prenons place sur le « Heimwehbank », le banc du « mal du pays ». Et découvrons ensuite, quelque peu dissimulé derrière des sapins, le banc du « club des idiots ». Pour faire honneur à son nom et ayant l'impression d'avoir sa bénédiction, nous nous laissons aller à quelques bêtises, et nous ne manquons pas de prendre des photos !

La descente s'amorce ensuite. Une descente abrupte à travers la montagne, dont se réjouit la Fée enchantée, qui explique : « Maintenant, c'est nous, les enfants, qui avons l'avantage ! Pour les adultes, c'est plus dur, la descente. Pas vrai, papa ? » On ne peut plus vrai, en effet, ce qui ne nous empêche pas, ma femme et moi, de galoper avec eux comme de jeunes chevaux. Ce n'est que dans les derniers mètres que mes genoux commencent à se rappeler un peu à moi et à trembler. Depuis un moment, le Prince des bois est tenté d'abandonner. « Tiens bon, tiens le coup ! lui crions-nous, pense à la glace qui t'attend ! »

Il y a aussi une halte pour se tremper les pieds dans l'eau froide du ruisseau. La Fée enchantée et le Roi des lutins ont tous les deux envie de se rafraîchir les pieds. Mais le temps presse, nous voulons encore voir la chute d'eau du Pochtenfall. Moi, en tout cas. Les enfants sont contrariés, à l'exception du Prince des bois, d'autant plus partant que j'ai promis de le porter jusque là-bas.

Mais je ne lâche rien, en dépit des protestations, car après tout, maintenant que nous sommes ici, ce serait dommage de ne pas aller voir la chute d'eau. Regards furieux, refus, larmes. Je les comprends, la Fée enchantée et le Roi des lutins, mais cette journée est celle du Prince des bois. En route vers la chute d'eau !

CHAPITRE V

DES VERTUS D'UNE BONNE PRÉPARATION ET DE LA FLEXIBILITÉ

Je suis en reportage avec ma famille à Bellwald, dans le canton du Valais. Pour le magazine RANDONNER.CH, nous effectuons, en compagnie des photographes Sandra et Stef Grünig-Karp, une reconnaissance sur le terrain pour une randonnée hivernale. Les photos montreront des paysages à couper le souffle, ainsi qu'une famille de randonneurs heureux : des enfants, contents de randonner, motivés, la mine réjouie. Parfait. Après tout, qui s'intéresse à ce qui a bien pu se passer entre le lever et le moment de la prise de vue ? Jetons un coup d'œil derrière l'appareil photo. Et à la création de cette carte postale idyllique.

6h15 du matin. Tout est encore calme dans la chambre d'hôtel. Dans un demi-sommeil, j'aperçois la Fée enchantée qui entre dans la salle de bain, enveloppée dans sa couette. Elle veut sûrement s'y installer confortablement et écouter tranquillement de la musique sur son iPod. Jusque-là, tout va bien.

Un peu plus tard, le Roi des lutins se lève à son tour. Le garçon de 11 ans se faufile également dans la salle de bain, chuchote avec la Fée enchantée, et retourne se coucher. Je me rendors.

Il est maintenant 7h30, et le Prince des bois se blottit contre moi. Bien, mais je remarque qu'il est déjà tout à fait réveillé. Je sais alors que nous ne resterons plus longtemps sous la couette. C'est aussi bien : nous sommes là pour randonner.

Bientôt, c'est l'heure de se lever, et la Fée enchantée sort de la salle de bain, se plaignant d'un mal de gorge et d'être fatiguée. Elle s'allonge sur son lit et refuse de s'habiller. Péniblement, je la convaincs de descendre prendre le petit déjeuner en pyjama, alors que le Roi des lutins s'impatiente déjà. Il a faim, il presse le mouvement et taquine tous ceux qui lui en donnent l'occasion. Le Prince des bois a faim lui aussi, raison pour laquelle, cette fois-ci, il se montre coopératif et s'habille vite, malgré le froid de la pièce.

Bientôt, nous nous retrouvons derrière nos bols de müesli, nos tranches de pain au miel et nos jus d'orange, à discuter du programme de la journée. L'aîné, continuant à décocher ses petites flèches de provocation, déclare vouloir rentrer à la maison et se détendre dans sa chambre. Rien de plus, et bientôt, voilà qu'il quitte la table et retourne se coucher. La Fée enchantée n'est toujours pas bien réveillée, le mal de gorge ne s'est pas dissipé, pas plus que sa mauvaise humeur. Seul le Prince des bois babille comme à son habitude.

Nous décidons alors de nous mettre en route une demi-heure plus tard. La Fée enchantée va se faire tresser les cheveux par Sandra, ce qui la motive et lui fait oublier illico son mal de gorge. Elle est motivée par la tresse, mais en aucun cas par la randonnée. Quant au Prince des bois, il s'amuse avec Stef, ce qui est assez pratique – cela me laisse le temps de me préparer –, mais ne l'incite pas à coopérer avec son papa. Quoi qu'il en soit, je saisis ma chance et j'embauche directement Stef pour brosser les dents du petit, lui enfiler des vêtements et des chaussures d'hiver. Cela marche, avec un haut volume sonore. Le principal est qu'il s'amuse. Je suis reconnaissant de l'aide apportée par Stef, car ma femme est restée à la maison, à étudier pour la formation qu'elle suit.

J'essaie maintenant de convaincre la Fée enchantée de s'habiller. Ce n'est pas une mince affaire, car entretemps elle est retournée se coucher dans son lit bien chaud, comme son frère. Je leur demande à tous les deux de se lever, de se brosser les dents et d'enfiler des vêtements d'hiver. Au vu des résultats, c'est comme si je parlais à un mur.

Alors que la Fée enchantée se montre sensible aux arguments avancés (emporter des sucettes et des tisanes), le Roi des lutins reste allongé dans son lit, probablement en pleine phase prépubère. C'est difficile, je n'y suis pas encore habitué, la plupart du temps il est de bonne composition. Mais rien n'y fait. Pour finir, tous les sacs sont faits, les deux plus jeunes sont prêts, mais l'aîné est encore en pyjama. Heureusement, il sait se montrer rapide quand il change d'avis. Ce qu'il finit par faire ; personne ne sait pourquoi. Quoi qu'il en soit, en un éclair, il est prêt, devant l'hôtel, et nous pouvons enfin nous mettre en route.

À cet instant, je prends conscience que je suis complètement à l'ouest côté préparation : avec toute cette agitation matinale, je n'ai pas trouvé le temps de chercher où démarrer la randonnée et comment nous rendre à ce point. Nous nous retrouvons donc sur une route goudronnée qui monte, et que nous suivons pendant vingt bonnes minutes. Ce qui n'allège nullement le moral des troupes. Il y a bien un bus qui passe par là, mais j'ignore à quelle heure. Nous continuons à monter, et je suis bien incapable de dire avec précision aux enfants pour combien de temps nous en avons encore. Nous grimpons sur des tas de neige en bord de route, jetons de la neige, le petit a déjà envie de faire pipi, car il n'a pas pensé à y aller avant de partir de l'hôtel ; quant à la Fée enchantée, sa gorge la gratte de plus en plus. Zut, j'ai oublié la tisane et les sucettes à l'hôtel !

Enfin, nous parvenons au point de départ de la randonnée. La motivation a presque totalement disparu, tandis que nous avançons sur le sentier large et entretenu. C'est le sentier d'altitude Gommer Höhenweg, et comme son nom l'indique, il conduit tout droit et presque sans changement sur une large pente. Les enfants se fichent du panorama comme d'une guigne, le Roi des lutins redit pour la énième fois qu'il aimerait avoir du temps aujourd'hui pour ce qu'il a envie de faire, et qu'il ne faut pas qu'on reparte trop tard. Pour adoucir la gorge irritée de la Fée enchantée, je me rabats sur des abricots secs. Seul le Prince des bois semble apprécier la randonnée et les trous profonds que ses chaussures laissent sur le bord du sentier.

En définitive, nous arrivons à prendre du bon temps, aussi curieux que cela puisse paraître étant donné la façon dont les choses ont démarré. Les boules de neige volent. Stef fait des plongeons dans la neige molle et épaisse, dont nous nous souviendrons encore longtemps. Nous faisons des dessins dans la neige, nous nous allongeons dans le blanc immaculé, remuant des bras et des jambes. Tout le stress de la matinée, de la mise en route, la tension, la patience envolée… finalement, cela en valait la peine. Comme la plupart du temps, cela a marché. De toute façon, dès que l'on est dehors, on voit les choses autrement, ce qui s'est passé avant a moins d'importance.

Gérer les enfants

Que je vous rassure : les randonnées familiales ne sont pas toujours aussi épiques que celle que je viens de vous raconter. Néanmoins, il faut toujours compter sur un peu de résistance de la part des enfants. Ces derniers vivent dans l'instant présent, et si l'enthousiasme n'est pas grand dès le départ, il est alors tentant pour eux de choisir la voie la plus confortable, à savoir celle de la résistance passive. L'accepter, la dissiper ou encore l'orienter dans une direction plus positive constitue la tâche que les parents doivent assumer dès la naissance de leur enfant, qu'ils en aient ou non conscience. Raison pour laquelle je m'efforce toujours de ne pas prendre personnellement ou trop au sérieux ces manifestations de résistance. Elles font partie du jeu, car en définitive c'est bien d'un jeu dont il s'agit, et nous gagnons, nous les parents, quand nous réussissons à ne pas répondre à cette résistance infantile par notre propre résistance. Quand nous accompagnons les enfants avec bienveillance et compréhension, leur résistance se dissipe souvent d'elle-même. Parfois, mieux vaut aussi ne pas s'accrocher à des idées préconçues. Mieux vaut être prêt à laisser tomber une certitude sur la façon dont les choses doivent être ou comment les autres doivent se comporter que de s'entêter plus encore que les enfants.

Évidemment, le cadre n'est pas toujours aussi idéal qu'en cet instant, alors que j'écris ces lignes en toute tranquillité. La fatigue, le stress, la mauvaise humeur mettent rapidement à mal la sérénité. Dans ces conditions, un vrai recul est nécessaire pour renoncer par exemple à une représentation que l'on se fait du comportement approprié de son rejeton. Et ce recul, sur le moment, on l'a rarement. C'est un véritable défi, je le sais comme tous les pères et toutes les mères. Et moi non plus, je n'arrive pas toujours à garder ce calme que je préconise. Avant nos randonnées, il y a souvent beaucoup d'agitation et de bruit, et tant pis, ce n'est pas un drame. Je m'efforce seulement de ne pas être trop exigeant envers moi-même et de ne pas me mettre trop de pression.

L'application de toutes ces recommandations n'est pas chose aisée. C'est d'ailleurs peut-être tout un cheminement de vie, de ceux dont parlent les guides de méditation. Je crois qu'ils ont raison. Et vous savez quoi ? J'y travaille.

De ce point de vue, les préparatifs de randonnée peuvent s'avérer d'une grande aide. Vous trouverez ci-dessous quelques points de repère.

L'équipement

Un bon équipement évite les mauvaises surprises. Qu'est-ce qui le caractérise ? Pour moi, la différence se joue sur un nombre restreint d'éléments, qui doivent absolument être fiables. En premier lieu, les chaussures de randonnée. En effet, une fois qu'on se fait une ampoule, tout devient très pénible. Il est toujours bienvenu d'avoir sur soi des pansements, même s'il ne s'agit que d'un pis-aller ou d'une solution de secours. Dès lors, mieux vaut s'assurer que les chaussures sont à la bonne pointure, et idéalement, que l'enfant les a déjà portées sur un trajet plus court.

Pour les vêtements, je recommande le principe de l'oignon : plusieurs couches, qu'il est possible d'enfiler ou de retirer selon les besoins. Mes enfants ont peu de vêtements de randonnée à proprement parler, et souvent ce sont des vêtements d'occasion. Clairement, devoir les acheter neufs chaque année, compte tenu de la croissance des enfants, reviendrait trop cher. Par contre, un pantalon de randonnée à séchage rapide et une veste vraiment imperméable constituent une bonne acquisition ; pour le reste, vous pouvez utiliser des vêtements de tous les jours. Ne pas oublier le chapeau de soleil ni la crème solaire. Assez vite, les enfants peuvent porter eux-mêmes leur sac à dos léger. Dans notre famille, ils portent généralement le pique-nique, ce qui signifie qu'après le déjeuner, ils poursuivent la randonnée avec un sac quasiment vide.

Vous trouverez ma liste détaillée en annexe (p. 166).

Le ravitaillement

Aucun moteur ne fonctionne sans carburant. Les enfants comme les parents ont besoin de suffisamment d'eau, de collations et d'un bon pique-nique. Le préparer la veille de la randonnée permet de partir plus détendu. Et, en cours de route, manger et boire un peu permet d'éviter l'hypoglycémie.

Les outils de planification

Pour planifier une randonnée, il existe de nombreux outils de planification, qui sont presque tous bons. Pour ma part, je recours à la plateforme de services suisse-rando.ch, dont les archives proposent plus de mille suggestions de randonnées en Suisse ayant fait l'objet d'une reconnaissance sérieuse. Sur cette plateforme, je peux planifier et enregistrer moi-même des randonnées, de même qu'utiliser différentes fonctions pratiques, comme le calcul automatique de la durée, de la distance, les montées et les descentes lorsque je trace l'itinéraire de randonnée au moyen de la souris ; je peux également en inverser le cours d'un simple clic. Tout est aussi accessible sur tablette ou sur smartphone. De plus, avec ce planificateur, je peux organiser dans les moindres détails une journée de randonnée, depuis les horaires des transports publics jusqu'au retour en passant par les pauses. Peu importe en fait que je suive ce plan dans la réalité. En revanche, il me permet de m'assurer que j'ai bien pensé à tout. Je peux me fixer des points de vérification pour être sûr que tout est bien sous contrôle : avons-nous suffisamment de temps pour cette boucle supplémentaire, ou faut-il plutôt prévoir de raccourcir le périple ? Pouvons-nous nous arrêter pour manger un morceau (il est possible d'afficher tous les restaurants et auberges de montagne sur la carte) ? Devons-nous nous presser pour ne pas avoir à attendre deux heures à un arrêt de bus peu desservi ?

Suivant l'âge des enfants, je recommande en principe différentes durées de randonnée, à savoir, pauses comprises :

- **0 à 3 ans :** durée variable, mais assez courte, en fonction également de l'énergie et de la disposition des parents à porter leur enfant.
- **4 à 6 ans :** quatre heures maximum.
- **7 à 9 ans :** jusqu'à cinq heures.
- **À partir de 10 ans :** six à sept heures.

Voilà pour la théorie. De plus amples informations relatives à ce dont vous avez besoin pour randonner avec des enfants sont facilement accessibles sur Internet. Vous pouvez également consulter la page www.suisse-rando.ch/randonner-en-famille.

Les compliments adressés au papa

De temps en temps, lorsque je randonne avec mes enfants sans la maman randonneuse, il arrive que nous recevions des compliments de la part de parfaits étrangers, sous forme de regards, mais aussi de mots. C'est appréciable de ne pas être le seul à complimenter mes enfants, cela les motive ou peut être vécu comme une récompense. Cependant, je remarque qu'on ne m'adresse presque jamais ces félicitations quand ma femme est présente. Pourquoi ?

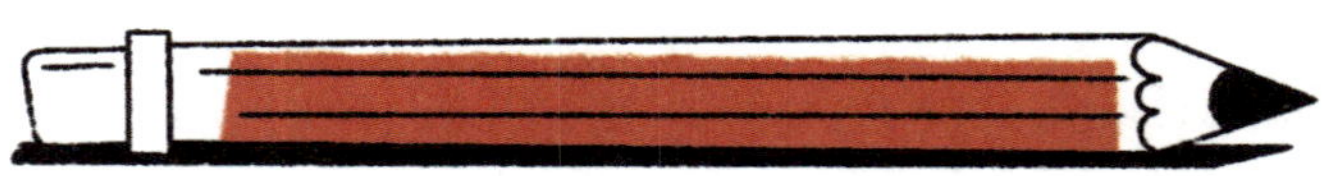

Chers admirateurs du gendre idéal,

Lors d'une courte randonnée estivale, cela s'est de nouveau produit : vous m'avez adressé vos compliments. J'en suis extrêmement heureux et je les accepte volontiers – avec la même intensité que je prends les critiques.

Seul avec mes trois enfants, nous randonnions dans l'Oberland zurichois et avons fait halte au restaurant d'altitude Rosinli. Nous voulions ensuite aller voir de très près le long toboggan qui s'y trouve. Nous avons commandé des frites, et pendant que nous attendions d'être servis, les enfants ont commencé à se taquiner les uns les autres, comme ils aiment à le faire. C'était un peu casse-pieds, mais en l'occurrence, pas au point de nous faire remarquer par tous les clients du restaurant. J'en étais reconnaissant à mes enfants.

Naturellement, j'ai vu que le couple âgé à la table voisine nous regardait. L'homme et la femme ne cessaient de nous fixer, le visage avenant, et j'entendais qu'ils parlaient à mi-voix des enfants. Aussi, je n'ai pas été surpris quand, alors que nous nous levions pour partir, ils m'ont couvert de compliments : comme c'était bien qu'un père prenne ainsi un jour de congé en pleine semaine pour le passer avec ses enfants. Et comme je me montrais patient. Dans leurs yeux, j'ai vu l'enthousiasme qu'il ne devaient témoigner qu'à leur gendre idéal.

Bien sûr, je me réjouissais pour mes enfants. Pourtant, sachez qu'il n'y a rien d'héroïque pour moi dans le fait de m'occuper de mes enfants. Il m'arrive souvent de randonner ou de partir quelques jours avec eux pendant les vacances. Parfois, c'est même plus facile que de partir avec toute la famille, car les enfants savent alors que le petit jeu de « maman a dit non, alors je demande à papa » (ou l'inverse) n'est pas une option.

En outre, que fait la maman quand elle se retrouve à randonner seule avec les enfants ? Ne prend-elle pas aussi du temps pour eux, voire des jours de congés pour faire quelque chose avec eux ? Ne lui arrive-t-il pas de partir seule avec eux pendant les vacances ?

Chers admirateurs du gendre idéal, surtout, ne cessez pas vos compliments. Cela nous fait du bien, à nous, les parents. Je souhaiterais simplement, à l'avenir, que vous adressiez aux mères qui randonnent seules avec les enfants les mêmes que ceux dont vous m'avez gratifié à l'auberge Rosinli. Car cela fait aussi du bien aux mères qu'on remarque les actes héroïques qu'elles accomplissent au quotidien. Car d'actes héroïques, il n'en est question que de temps en temps, je vous l'assure. Mais peut-être le savez-vous déjà par expérience ?

Bien à vous,
Votre papa randonneur

Pourquoi pratiquer l'alpinisme est-il presque aussi exigeant que randonner avec des enfants ?

Un diaporama réalisé par l'alpiniste autrichienne Gerlinde Kaltenbrunner m'a beaucoup impressionné. Elle y raconte comment elle est parvenue à escalader, lors de sa septième tentative, son quatorzième sommet de 8000 mètres, le K2. En tant que père de trois enfants, cela m'a donné à réfléchir. J'ai alors pris conscience que l'alpinisme est une discipline très difficile, et presque aussi exigeante que randonner avec des enfants. Peut-être devrais-je moi aussi réaliser un diaporama de mes randonnées avec mes enfants et le présenter en tournée de ville en ville ?

La conférence de Gerlinde commence toujours par des images saisissantes. La deuxième plus haute montagne du monde, vue du dessous, de derrière, par devant : un défi considérable, manifestement. Puis l'alpiniste dit quelques mots sur son équipe. Qu'elle et ses compagnons d'escalade se connaissent depuis longtemps, et qu'il existe entre eux une très grande confiance. Cela correspond : moi aussi, je connais mon équipe – ma femme, le Roi des lutins, la Fée enchantée et le Prince des bois – depuis de nombreuses années, je passe régulièrement jusqu'à 24 heures sur 24 avec eux, nous avons partagé ensemble beaucoup de joies et de peines.

Gerlinde montre ensuite les photos des préparatifs : dans sa cave se trouvent entreposés sac de couchage, chaussures, jambières, cordes, vestes, pioches, et tout le reste. Exactement comme chez nous la veille d'une randonnée : porte-enfant de randonnée, sac à langer, vêtements de pluie, en-cas, tétines – tout a été réfléchi dix fois au moins et est prêt à être emporté.

Vient ensuite le voyage. À la différence de Gerlinde, nous n'avons nul besoin d'une caravane avec de nombreux sherpas et plus de trente chameaux même si la perspective est alléchante. Les cris retentissants dans le compartiment famille du train et les premières larmes d'enfant au plus tard dans le car postal entraînent une acclimatation rapide à l'altitude, de sorte que nous pouvons nous mettre en route rapidement, une fois parvenus au point de départ de la randonnée.

Alors que Gerlinde avance péniblement, mètre après mètre, dans la neige profonde, ce qui n'altère en rien sa bonne humeur, nous, de notre côté, nous rencontrons les premiers problèmes de motivation lors de l'ascension. Fort heureusement, j'ai dans mes poches des oursons en gélatine, que je cache pour les enfants dans les fissures et les crevasses des rochers, et nous parvenons à grimper mètre après mètre. Comme les alpinistes, qui entretemps ont installé leur premier bivouac et se reposent, sans avoir à jouer préalablement et des heures durant à « je vois ce que tu ne vois pas ».

Reposés, Gerlinde et ses compagnons d'aventure reprennent leur montée. De temps à autre, ils doivent s'encourager mutuellement pour garder intacte leur motivation, alors qu'une avalanche imminente menace de leur bloquer la voie ou que les prévisions météorologiques ne tiennent pas tout à fait leurs promesses. Personne ne se met en colère ou se jette au sol, contrarié qu'on ne lui donne pas un autre ourson en gélatine alors qu'il en a déjà avalé une bonne vingtaine. À chaque bifurcation, personne ne cherche à emprunter le mauvais chemin en affirmant mordicus qu'il sait mieux que le chef d'expédition par où passer.

Bivouaquer à 6800 mètres d'altitude, cela signifie qu'il fait un froid glacial, raconte Gerlinde qui explique aussi, comment, la nuit, elle doit s'extirper de son sac de couchage chaud pour aller faire ses besoins. Évidemment, ce n'est pas une partie de plaisir par ce froid. Mais quiconque a, dans les sous-bois, déjà tenu sa fille quelques centimètres au-dessus du sol le temps qu'elle fasse les siens – avec en plus sur le dos les 20 kilos du porte-enfant de randonnée, fiston dedans compris – trouvera sûrement très romantiques les petites expéditions nocturnes de Gerlinde sous le ciel étoilé et enchanteur de l'Himalaya.

Le lendemain, les alpinistes sont confrontés à de nouvelles épreuves, et à un moment donné, l'un d'eux n'en peut plus et, à bout de forces, déclare : « Gerlinde, je fais demi-tour. » Gerlinde explique alors qu'ils avaient discuté à fond et à maintes reprises de ce sujet avant l'expédition, que ce n'était pas un problème que quelqu'un laisse tomber et s'en aille, mais à quel point cela devenait plus difficile à accepter en pleine montagne. À chaque randonnée, ma fille me dit plusieurs fois qu'elle n'a plus envie de continuer, alors que le petit dernier dans le porte-enfant n'arrête pas de dire « maison » au bout d'une heure seulement – j'avoue que j'aimerais bien parfois les laisser redescendre seuls au camp de base !

L'alpiniste professionnelle raconte ensuite comment ils se sont perdus plusieurs fois peu avant d'atteindre le sommet, mais finissent par y arriver tous ensemble. Autre son de cloche pour nous : certes, le cornet de glace au chocolat promis à l'arrivée à l'auberge constitue une motivation importante, mais sa portée dans les moments décisifs est parfois assez limitée.

Enfin, le sommet ! Les larmes coulent. Gerlinde a atteint l'un des buts qu'elle s'était fixés dans la vie et se trouve sur le toit du monde ! Musique forte, elle laisse libre cours à ses émotions sur les images. De

PR

notre côté aussi, des larmes : il ne reste plus, à l'arrivée, de cornets de glace au chocolat. Les enfants aussi laissent libre cours à leurs émotions et, au lieu de se prendre dans les bras, se laissent tomber par terre de façon théâtrale.

Gerlinde se ressaisit rapidement et déclare : « Une ascension n'est réussie que lorsque tout le monde est redescendu sain et sauf. » Comme c'est juste : une randonnée familiale n'est terminée que lorsque tout le monde a repris place dans le car postal. Alors que les alpinistes entament, concentrés et tout en contrôle, leur descente, le vrai défi commence pour le papa randonneur. Le petit pleurniche dans le porte-enfant, la fillette s'allonge, fatiguée, dans l'herbe et en appelle au rituel secret père-fille, tandis que l'aîné veut enfin avancer rapidement. Plus bas, nous voyons déjà le car postal, qui ne circule que deux fois par jour et que nous risquons de manquer si nous ne nous dépêchons pas.

Compte tenu de tout cela, pourquoi, alors, je continue ? Et même, pourquoi j'en redemande ? Il suffit de demander à Gerlinde les raisons pour lesquelles elle s'inflige toutes ces épreuves. C'est très simple : elle adore ce qu'elle fait.

CHAPITRE VI

ÉCHOUER SANS FRUSTRATION

Presque furieux, je tourne la tête et jette un coup d'œil à la croix au sommet de Teysachaux. En cette journée ensoleillée de novembre, le Prince des bois et moi n'avons pas atteint ce sommet des Préalpes fribourgeoises. Mais nous reviendrons, j'en fais la promesse ! Et je me dis d'un ton de défi que je viens de prendre une décision très sensée – et que c'est une bonne chose. Gerlinde Kaltenbrunner aurait probablement elle aussi joué la prudence. L'alpiniste professionnelle ne parvient pas du premier coup en haut de tous les sommets, alors qu'elle ne doit s'occuper que d'elle-même, et pas d'un enfant en plus. Elle ne grimpe pas non plus avec son fils sur le dos. Ces pensées me permettent de tempérer quelque peu ma déception.

Tout bien considéré, ce demi-tour n'a rien de tragique. Le Prince des bois se plaignait déjà depuis un moment d'avoir envie d'aller aux toilettes. Il ne voulait pas faire dans sa couche, et pas non plus dehors. Sur ce point, il est cohérent : ce doit être aux toilettes. C'est plutôt rassurant de voir qu'il n'est pas bien avec une couche pleine. Lors de l'ascension, j'avais dans le porte-enfant un garçon de 15 kilos. J'avais laissé une partie du contenu du sac à dos plus bas, derrière des rochers, sachant que nous emprunterions le même chemin pour le retour. J'avais déjà porté cette charge de Moléson-Village jusqu'au pied de Teysachaux – une randonnée familiale facile sur une large crête avec une vue imprenable sur les montagnes et la mer de nuages.

Aujourd'hui, il s'agit d'une ascension sur une pente un peu raide et caillouteuse. Le sentier me contraint à gravir quelques rochers un peu plus en altitude. De jeunes enfants peuvent tout à fait y parvenir en étant concentrés et en s'aidant de leurs mains. Mais je remarque que le poids que je porte sur le dos se fait trop lourd et que je n'ai simplement plus envie de m'imposer ces obstacles. Sans compter qu'il reste la descente qui va nécessiter une grande prudence. La portion à l'ombre du sentier est un peu glacée, vestige des nuits de novembre. En bref : la pensée de la descente qui m'attend ne suscite en moi aucun plaisir. Je décide alors d'en rester là et de faire demi-tour. Le Prince des bois est ravi et se réjouit d'être bientôt libéré de sa fâcheuse situation.

Sur le trajet de retour, ma décision de rebrousser chemin met encore un peu à mal mes ambitions, même si je donne le change auprès d'autres randonneurs en prétendant que le demi-tour est tout à fait logique et que parvenir au sommet n'est que secondaire. Le Prince des bois est si soulagé qu'au bout d'une demi-heure il s'endort paisiblement dans le porte-enfant !

Je profite alors abondamment du soleil, assis dans un pré où je me relaxe et détends mes épaules endolories. Dans la vallée, le brouillard est toujours très dense, et cela me fait du bien de plaindre tous ceux qui mijotent dessous. Contrairement à mon habitude de ne pas consulter les réseaux sociaux pendant une randonnée, je poste même quelques photos du panorama ensoleillé sur Instagram.

Plus détendu, je me remets en marche, direction Moléson-Village. Le Prince des bois se réveille, et je lui promets une glace, à condition qu'il marche tout seul comme un grand. Reconnaissant, il passe alors le dernier quart d'heure à jacasser – une histoire improbable qu'il invente. Bientôt, il sera à l'auberge en train de lécher sa glace.

Il ne sait pas encore que son papa a déjà élaboré un nouveau plan. Car ce même jour, un autre sommet est encore possible : le Moléson. Son ascension ne prend que cinq minutes, et le chemin est large et empli de touristes en baskets qui viennent de descendre du téléphérique. Mais un sommet est un sommet, et ce jour-là, je ne suis pas disposé à chipoter !

Une leçon en matière de bonheur

Parfois, c'est ainsi, rien à faire : ça ne marche pas. Évidemment, cela n'a rien d'une douce musique à mes oreilles. Car enfin, j'ai eu une bonne idée, j'ai travaillé pour la mettre en œuvre, je n'ai pas ménagé mes efforts. J'étais heureux de faire plaisir aux enfants, et eux adoraient l'idée. Et généralement, nous nous mettons en route de bonne humeur. Pour vivre un autre temps fort.

Puis vient le moment où tout s'écroule : mauvaise planification. Mauvaise appréciation. Manque de motivation. Manque d'intérêt. Mauvaise humeur. Trop d'exigences. Circonstances extérieures. Que sais-je encore ? Quoi qu'il en soit, cela interfère avec mes plans. Et je n'aime pas ça.

Je déteste ces moments où la tête sait déjà que ça ne va pas marcher, mais où le cœur ne veut pas encore l'accepter. Des moments où, mentalement, je cherche des arguments contre l'interruption de la randonnée. Des arguments censés faire taire la raison. Même si je sais déjà clairement que ces pensées qui m'assaillent sont inutiles. Un temps mort, pour me réconforter, pour me laisser le temps d'accepter l'échec.

Comme cette fois-là, en hiver, au col du Jaun dans l'Oberland bernois. Ce jour-là, j'ai prévu de randonner avec mon benjamin sur le Bäderegg. J'ai installé mon fils sur le petit siège de la luge, bien emmitouflé dans un duvet épais, et je le tire derrière moi comme un vrai prince. Mais cela n'est pas du goût du Prince des bois, qui semble regretter le porte-enfant. Il aimerait bien dormir, et bien sûr je me rends compte que le siège en plastique dur n'est pas très confortable. « Veux aller dans la voiture ! » dit-il en pleurnichant. Je me doute déjà que cette entreprise est vouée à l'échec, mais je ne suis pas encore prêt à m'avouer vaincu. Obstiné, je continue d'avancer sur une route qui monte légèrement, en ignorant la protestation désespérée derrière moi et sans profiter de la magnifique vue qu'offrent les superbe sapins couverts de neige aux alentours.

Dans ce type de situations, le risque est que les circonstances empirent. Comme cette fois-ci. Car le sentier de randonnée hivernale n'est pas encore préparé et se transforme en chemin étroit et cahoteux. Impossible de continuer à avancer avec la luge, même si le petit, malgré les mauvaises conditions, s'est endormi ! Sa tête penche en arrière et dépasse du dossier du siège, le menton pointé vers le ciel. La posture est drôle, mais doit être incroyablement inconfortable. Après vingt minutes seulement, je me trouve dans l'impasse – et j'abandonne.

Le petit se réveille, mais son humeur, en dépit du petit somme, ne s'est nullement améliorée. Nous faisons demi-tour et partons en direction de Fängli. À ce stade, une petite auberge semble être la meilleure option pour nous deux. Le Prince des bois s'amuse des quelques rebonds de la luge que son papa randonneur déconfit lui donne. Nous nous filmons en train de secouer la neige des sapins sous lesquels nous nous trouvons. Ou plutôt : sous lesquels je me trouve. Car je n'ose pas risquer de doucher par de la neige froide l'humeur du Prince des bois qui s'améliore lentement.

La luge glisse et cahote sur le chemin du retour, et nous bataillons à travers champs pour avancer dans la neige profonde jusqu'à l'auberge Fängli. Je me remets doucement de cet échec, tandis que le petit m'enseigne une leçon en matière de bonheur : il est enthousiaste, rit lorsque je le tire avec la luge, m'incite à jouer, mais n'éclate véritablement de rire que quand son moyen de transport se renverse lentement dans la neige profonde. Enfin, nous nous installons, satisfaits, devant un sirop et un chocolat chaud.

Quand un genou manque d'avoir raison de moi

Je ne suis pas toujours responsable de l'échec d'une randonnée. Lors de nos vacances à Flumserberg, dans le canton de Saint-Gall, nos randonnées seront gâchées, outre par le mauvais temps, par le genou de la Fée enchantée. J'ai bien tout préparé, élaboré plusieurs randonnées, courtes et longues, faciles et difficiles. Pour être prêt à toutes les éventualités. À toutes ? Non, puisque je n'avais pas anticipé le genou gauche de la Fée enchantée.

L'incident, on ne peut plus banal, mérite à peine une mention. Ma fille, en marchant avec un groupe, trébuche (peut-être à cause d'un chenapan un peu plus âgé – l'avis de ma fille et du potentiel auteur des faits diffèrent sur ce point). Elle se tord la jambe et se plaint depuis de douleurs au genou. Jusque-là, rien qui ne soit on ne peut plus compréhensible. Les faits se déroulent trois semaines avant les vacances et notre séjour dans le canton de Saint-Gall.

Nous passons de la pommade sur le genou. Conduisons notre fille à l'école une semaine durant avec une remorque à vélo. Continuons de passer de la pommade sur le genou. Maman randonneuse, qui est aussi physiothérapeute, diagnostique que les ligaments extérieurs ont peut-être été un peu distendus. De nouveau, nous remettons de la pommade. Pour qu'elle se remette complètement. Cependant, les choses traînent en longueur. Les vacances approchent. Mais je reste optimiste. Il y a peut-être aussi de la fatigue après l'année scolaire. Mais avec les vacances, l'énergie va revenir, et les randonnées que j'ai organisées viendront dissiper les éventuelles douleurs résiduelles.

Cependant, une semaine avant les vacances, lors de l'ascension du Gällihorn dans la région de Kandersteg, la Fée enchantée fait une chute. Je le comprends, l'ascension de ce sommet est difficile, il faut être en bonne forme et sûr de soi. Ma femme reste alors avec ma fille sur la terrasse de l'auberge de montagne.

Après cette randonnée, nous partons pour Flumserberg, les enfants et moi. En chemin, nous faisons une courte randonnée jusqu'à l'auberge Rosinli, dans le canton de Zurich, lieu d'excursion en montagne bien connu avec le long toboggan précédemment évoqué. Nous mangeons des frites ; l'ambiance est bonne. Nous empruntons quantité de fois le toboggan, nous nous amusons bien. Puis nous nous remettons en route en direction de Kemptnertobel. La Fée enchantée a encore mal au genou, mais avec les bâtons de marche nordique de ma femme en guise de soutien psychologique, elle s'en sort haut la main.

Même la descente vers la cascade de Kemptnertobel se passe bien, les enfants se chamaillent pour savoir qui a le droit de manger des biscuits, quand et combien. La distraction constitue toujours un bon remède contre la douleur. Bientôt, le passage le plus raide de la descente est derrière nous, nous marchons maintenant essentiellement sur un sentier en ligne droite à travers une vallée d'un vert intense, longeant l'Aabach. Le genou est presque oublié.

Le soir, à Flumserberg, les prévisions météorologiques ne sont pas très prometteuses, et l'état du genou n'est pas non plus des plus encourageants. Cependant, la Fée enchantée est prête à tenter le coup le lendemain; il faut dire que sa grand-mère s'est jointe à nous. Nous n'avons prévu qu'une courte randonnée, le sentier Sagenerlebnisweg, le « Chemin des légendes ». Nous montons en téléphérique, sous la pluie et les lourds nuages que perce parfois le soleil. Le monde appartient aux courageux, c'est ce que nous nous disons, et nous espérons que cet adage se vérifie aussi dans la réalité.

Sur le sentier thématique, les propositions d'activités permettent d'oublier le genou, même s'il est impossible de trouver les noms corrects des sommets à l'horizon ou de s'imaginer comment les fentes du glacier se sont formées il y a 30 millions d'années.

Des nuages denses bouchent l'horizon, mais peu importe, nous voulons aider le vieux Manndli, qui, il y a longtemps après bien des farces, a été banni du monde des légendes. Nous voulons lui permettre de retourner dans le monde des humains, avec ou sans douleur au genou. Peut-être a-t-il d'ailleurs une pommade magique à nous offrir en guise de remerciement, susceptible de sauver mes futures randonnées ?

Car, de ce côté-là, les choses ne semblent pas s'améliorer. Ma fille marche avec difficulté, grimaçant de douleur. Même les bâtons ne la soulagent plus. Pour finir, je la prends sur mon dos; ses bâtons pendent de ses poignets et se balancent devant mes oreilles et mon nez. De temps à autre, une station du sentier thématique permet de s'arrêter quelques minutes. Nous sommes contents d'être revenus au téléphérique et de pouvoir redescendre avec la dernière cabine, alors que nous y arrivons cinq minutes après l'horaire de départ officiel. Si nous avions dû redescendre à pied dans la vallée, cela aurait été une véritable catastrophe.

L'atterrissage est dur pour moi et mes projets de randonnée. Même les enfants sont déçus. J'annule la randonnée jusqu'au Gross Güslen, pourtant attendue avec impatience. Cependant, en écrivant ces lignes, je me rends compte que tout ne s'est pas si mal passé. Nous étions dehors en pleine montagne, avons passé un bon moment tous ensemble, en dépit des problèmes de genou. Et a posteriori, je donne un grand coup de chapeau à ma fille pour son optimisme. Le Gross Güslen peut attendre.

Nausées et vomissements

Parfois, ce sont des attentes trop élevées, des plans trop ambitieux qui font échouer une randonnée, comme celles sur le Moléson ou le col du Jaun. Ainsi que des problèmes de santé, comme à Flumserberg.

Ou comme dans l'Alpstein, dans la région du Grimsel et dans la Bündner Herrschaft (Seigneurie grisonne). En l'espace d'un an, il est arrivé trois fois que l'un de nos enfants soit pris de vomissements lors d'une randonnée : toute une nuit dans le dortoir de l'auberge Bollenwees, dans le gîte de montagne Bächlitalhütte dans l'Oberland bernois lors du repas, ou pendant l'ascension du Vilan dans le canton des Grisons. Bien sûr, sur le moment, ce sont des événements désagréables et peut-être même la raison de l'échec de ces randonnées, mais rétrospectivement, ils sont assez plaisants à évoquer.

D'ailleurs, c'est l'une de ces randonnées que je vais vous raconter pour clore ce chapitre. Cette fois-là, si la randonnée a été un échec, ce n'est pas parce que nous l'avions interrompue. Mes enfants, avec qui je randonnais seul, s'en sont bien rendu compte. C'était même merveilleux de voir comment cette expérience nous a soudés encore plus en tant qu'équipe – équipe que nous formions déjà. Voir à quel point les enfants se sont montrés capables de s'entraider et de m'aider moi aussi. Cette expérience est un plaidoyer en faveur d'un optimisme des plus débridés.

Ce matin-là, tout se déroule encore selon le plan prévu. À 9 heures moins cinq, nous arrivons à la station aval, où, la veille, j'ai réservé le trajet. Le téléphérique jaune nous transporte dans les airs ; à chaque poteau le Prince des bois éclate de rire – tout va encore pour le mieux.

J'ai bien étudié l'itinéraire au préalable, et me suis fait expliquer par des gens connaissant bien la région le degré d'exigence et d'exposition de ce sentier de randonnée alpine, afin que je puisse en effectuer une évaluation sérieuse sans surestimer nos capacités. Je savais que la randonnée serait difficile, raison pour laquelle j'avais prévu beaucoup de temps pour l'ascension jusqu'au sommet, nécessitant deux heures en moyenne pour des adultes. Et, *last but not least*, j'ai ressorti de la cave le porte-enfant de randonnée, dont le Prince des bois n'avait plus besoin à l'époque. Mais je préférais jouer la sécurité et l'avoir à disposition en cas de besoin.

La randonnée commence par une ascension abrupte de 600 mètres. Tout est encore à l'ombre, il fait frais, les graminées sont couvertes de rosée. Les trois enfants sont motivés, réussissent à prendre les virages en épingle à cheveux les uns après les autres, égrainent des épis de graminées et jouent à « poule ou coq ». Le Roi des lutins prend la tête de la troupe et donne le tempo, mais doit nous attendre encore et encore, ce qui accroît son impatience.

Nous nous arrêtons pour faire une pause et grignoter quelque chose. Je sors le télescope enfant, ainsi qu'une paire de jumelles, car le panorama est vaste, et je nomme les sommets et les villages en contrebas dans la vallée, dans la mesure où mes connaissances et la carte me le permettent. Un peu plus tard, nous arrivons au Messhaldenspitz, notre première destination. Il arbore une croix à son sommet – ce qui nous donne le sentiment d'avoir déjà accompli beaucoup de choses. De fait, nous avons déjà avalé 400 mètres de dénivelé.

Le sentier devient maintenant plus technique. Je demande aux enfants d'approcher, exige d'eux concentration et attention. J'installe le Prince des bois dans le porte-enfant de randonnée, dans lequel il est toujours calme, cette fois un peu plus que d'ordinaire, et aussi plus pâle. Sans contact visuel direct, je ne le remarque bien sûr pas, mais je le constaterai sans ambiguïté plus tard sur une photo prise à ce moment-là.

Bientôt, le chemin monte en zigzag, plus que quelques centaines de mètres jusqu'au sommet... Mais le petit commence alors à se plaindre d'un mal de gorge. J'en suis encore à me demander de quoi il peut bien s'agir quand mon fils m'envoie le premier « jet chaud » dans le cou... Bonté divine !

Le stress commence. Réconforter, nettoyer, occuper la Fée enchantée, trouver une nouvelle stratégie. L'aîné est déjà parvenu au sommet. Je l'ai envoyé en éclaireur quand le terrain redevenait plus facile d'accès et que sa patience se réduisait comme peau de chagrin. Heureusement, un randonneur nous dépasse, et je peux lui demander de transmettre un message à mon aîné.

Je veux remettre le petit dans le porte-enfant, mais mon fils tient absolument à marcher. Nous nous traînons donc sur les derniers mètres jusqu'au sommet, à une altitude de 2376 mètres, et, au lieu de nous congratuler et de faire des high fives, j'essaie de coucher le Prince des bois et, à l'aide des bâtons de randonnée et d'une veste imperméable, de lui aménager un coin à l'ombre.

Pendant ce temps, les deux premiers commencent à pique-niquer. Le Roi des lutins trouve le livre d'or du sommet et immortalise le moment : « 18.07.18, 12h40 : géniale, cette vue. Je savoure ce moment sur le Vilan. » En cet instant, mon plaisir est plus relatif, et le sommet est devenu secondaire. Bien sûr, nous posons rapidement pour la photo sur le sommet, mais sans le Prince des bois. Et bientôt, nous entamons la descente. Il s'avère que le benjamin est vraiment très malade – il vomit encore plusieurs fois. Mais il tient absolument à marcher tout seul pour la descente. Incroyable l'énergie qu'il a, même malade. Incroyable aussi la sollicitude avec laquelle son frère et sa sœur s'occupent de lui. Plus par hasard que par anticipation, nous arrivons à l'heure prévue pour la télécabine pré-réservée – si nous l'avions ratée, nous aurions dû attendre celle de 19 heures pour trouver des places libres.

La nausée ne s'arrête pas pendant les deux heures que dure le trajet de retour à la maison – c'est une torture. Le petit a vraiment très mal, il gémit, tandis que son frère lui tend sachet plastique après sachet plastique, réprimant ses hauts-le-cœur, empêchant ainsi un chaos plus grand encore. Très régulièrement, je m'arrête pour le nettoyer. Nous sommes tous plus qu'heureux d'arriver enfin chez nous.

CHAPITRE VII

LA MÉTÉO – AUSSI IMPRÉVISIBLE QUE L'HUMEUR DES ENFANTS

Pluie, neige, brouillard… Si vous êtes adulte, pas de problème, vous vous adaptez : vous prenez un bon livre, vous vous préparez une tasse de thé, vous vous installez confortablement et prenez votre mal en patience, jusqu'à ce que le temps change et se montre de nouveau plus clément. Mais rien de tel chez les enfants : s'ils peuvent avoir une grande capacité à s'amuser calmement, celle-ci, même chez les moins remuants, n'est pas inépuisable. Vient toujours le moment où il est nécessaire de sortir prendre l'air avec eux. Souvent, les parents doivent d'abord prendre sur eux, mettre au point un plan susceptible d'enthousiasmer leur progéniture. Quand je suis moi-même convaincu qu'on peut s'amuser même par temps de brouillard, cela se vérifie la plupart du temps. Mes enfants le sentent et sont faciles à enthousiasmer. Dans ce type de situation, le doute n'a pas sa place. Raison pour laquelle, selon l'humeur des adultes, il peut être préférable qu'un seul des deux parents prenne en charge les enfants. « Venez les enfants, allons voir quelle aventure nous attend aujourd'hui », dis-je alors, sans leur promettre quoi que ce soit de difficile à tenir. Non que cela suffise à désamorcer la résistance, mais avec un peu de persévérance et de persuasion, j'y parviens toujours. Il me suffit de convaincre un seul des enfants ; les autres suivent. En tout cas, la plupart du temps. Même quand on ne s'y attend pas du tout. Et, cerise sur le gâteau, cela devient un moment fort, quelque chose dont, souvent, nous nous rappelons longtemps. Ces aventures, nous nous les remémorons et nous nous les racontons encore et encore. De combien de randonnées estivales faites par un temps idyllique pouvons-nous en dire autant ?

Vous trouverez dans les pages suivantes six de ces aventures vécues en hiver, en été et durant l'entre-saison. Des aventures toujours capricieuses, qu'il s'agisse de la météo ou de l'humeur des enfants.

Par un vent glacial à la Tschentenalp

Dernière semaine de l'année, premier jour ensoleillé depuis Noël à Adelboden dans l'Oberland bernois. Tout le monde est prêt, piaffant d'impatience, nous pouvons enfin sortir et gravir les montagnes ! Manifestement, nous ne sommes pas les seuls à avoir eu cette idée, à en juger par la queue devant le guichet du téléphérique. Et il semble que les opérateurs n'ont pas anticipé cette ruée, car un seul guichet est ouvert. Les enfants s'arment de patience, restent calmes, et, reconnaissant, j'écoute les rouspétances des autres clients qui rongent leur frein. Enfin, nous pouvons prendre place dans la cabine. Nous sommes transis de froid, car le soleil a déjà disparu.

Nous entrons alors dans le restaurant de la gare d'arrivée du téléphérique, comme tous les autres clients. Nous nous réchauffons les pieds et buvons un chocolat chaud avant même d'avoir parcouru les premiers mètres de randonnée. Cette étape de restauration était initialement prévue à l'issue de la randonnée. D'ailleurs, allons-nous pouvoir faire celle-ci ? Je l'ignore.

Il est 13 heures quand nous sortons du restaurant et commençons à marcher. Entretemps, le soleil a totalement disparu. Au bout de quelques mètres, nous rencontrons un vent mordant qui nous fouette et nous envoie de la neige au visage. Le Prince des bois est mécontent, il pleurniche dans le porte-enfant et veut reprendre le téléphérique pour redescendre dans la vallée. Même la Fée enchantée ne semble pas très motivée. J'interromps notre excursion pour la deuxième fois. Un petit sondage auprès des enfants confirme à la majorité l'envie de rentrer, alors je cède. Mais voilà maintenant que le Roi des lutins crie haut et fort qu'il veut faire la randonnée ! Il rouspète, mais nous emboîte néanmoins le pas direction la gare du téléphérique.

Puis ma fille fait demi-tour – ce qui réjouit mon cœur d'amoureux de plein air de façon totalement inespérée. Elle se range rapidement à l'avis de son frère. Et voilà que maintenant, le petit aussi veut être de la partie. Je lui mets une capuche et des lunettes pour le protéger, je lui donne sa tétine – en sachant pertinemment que, de la sorte, je fais fi de tous mes principes éducatifs. Le petit ne s'en réjouit que modérément, mais il tire néanmoins avec plaisir dessus.

J'en conviens : les premiers mètres sont loin d'être une partie de plaisir. Puis le sentier bifurque à 180 degrés ; nous avons désormais le vent dans le dos, ce qui est déjà mieux. Les deux grands courent sur quelques mètres, tombent à genoux et glissent sur le chemin. Nous progressons donc bien. Nous pouvons voir de nouveau le chemin en contrebas, la façon dont il se déroule dans notre direction après un virage en épingle à cheveux. Les enfants coupent à travers la neige profonde, s'enfonçant jusqu'à la taille. Ils descendent la pente raide, trébuchent, glissent et roulent en criant. C'est ainsi que se passe cette randonnée singulière ; personne n'a froid, le Prince des bois est bien emmitouflé dans le porte-enfant et commente joyeusement ce qui arrive à son frère et à sa sœur.

Nous avalons le dénivelé mètre après mètre, un peu moins de 500 mètres en définitive et une vingtaine de virages en épingle à cheveux sur ce sentier. Les enfants ressemblent de plus en plus à des bonhommes de neige. De temps à autre, ils tapotent leurs vêtements pour en retirer la neige, mais il suffit d'un coup de vent faisant tomber la poudre blanche des branches pour que tout soit à recommencer. Quant à moi, je veille au grain, tirant sur des jambes de pantalon remontées, des gants au bout des manches, et vidant des capuches remplies de neige. Je le fais avec plaisir.

Bientôt, le Prince des bois dort paisiblement dans mon dos, en dépit des flocons de neige froide qui lui fouettent le visage. Quant aux deux grands, ils n'hésiteraient pas à reprendre le téléphérique pour refaire la randonnée depuis le début si la station aval se trouvait à proximité. Je dois presque les forcer à s'arrêter au restaurant Schermtanne pour attendre le bus au chaud. Au même moment, le Prince des bois se réveille et réclame sa glace. Demande acceptée ! Un peu plus tard dans la chaleur bienfaisante de la salle de restaurant, son souhait qui, entretemps est aussi devenu le nôtre, est exaucé.

Deux jours plus tard, nous refaisons cette randonnée – cette fois par beau temps et avec un Prince des bois réveillé, ce qui permet aussi au papa randonneur de couper à travers la neige profonde. Le beau temps permet également de profiter du magnifique panorama. C'est ainsi que la Tschentenalp est devenue notre randonnée préférée. Durant les années suivantes, nous la referons encore sept fois.

En soirée sur le Hohflue

Le plan était le suivant : une randonnée en raquettes à la pleine lune avec vue sur le glacier, puis un repos bien mérité dans un chalet d'alpage. Les enfants étaient très enthousiastes. Mais l'hiver dans le Valais a choisi justement ce jour-là pour montrer son vrai visage : comme s'il voulait faire mentir le changement climatique, il fait tomber la neige à gros flocons et fait siffler le vent à nos oreilles. En un instant, le circuit envisagé tombe à l'eau (glacée).

La nouvelle nous parvient par téléphone dans la télécabine nous conduisant à Riederalp. Ni une, ni deux, le Roi des lutins veut rentrer à la maison sur-le-champ. Sans la randonnée nocturne, tout le week-end perd son sens, déclare-t-il haut et fort, tel un citoyen indigné auquel le pré-adolescent de 11 ans me fait de plus en plus penser ces derniers temps avec son caractère lunatique. Je ne comprends plus rien de ce que l'on me dit au téléphone et écourte la conversation de manière amicale.

Le lendemain, la météo ne s'est que très légèrement améliorée. Le matin, nous allons faire une promenade en raquettes, mais cela n'est qu'un pâle substitut à ce que nous avons manqué la veille. Je dois donner raison au Roi des lutins. Je propose alors aux enfants de passer l'après-midi à l'intérieur pour nous reposer. Puis nous prendrons le dernier télésiège pour le Hohflue. De là, il est possible de faire une randonnée hivernale d'une heure, un circuit passant par la Riederfurka pour revenir à Riederalp, ce qui est tout à fait faisable de nuit et dans l'obscurité.

Les chemins de randonnée hivernale présentent de grands avantages : ils sont bien entretenus et le parcours est clairement balisé – pour arriver à se perdre, il faut vraiment le vouloir. En outre, ils traversent des terrains protégés des avalanches. Il ne peut donc pas se passer grand-chose, à condition de ne pas s'écarter du sentier.

Tout de suite, les enfants s'impliquent et répondent présents, à commencer par le Roi des lutins, qui s'était déjà imaginé devoir renoncer à la randonnée nocturne. Il se réjouit d'autant plus. Son enthousiasme se transmet rapidement à son frère et à sa sœur, de sorte que les trois enfants passent l'après-midi à dessiner, jouer et se chamailler, comme cela se passe souvent dans les fratries.

En haut sur le Hohflue, nous fixons le vide immaculé en direction du Nord et imaginons le glacier d'Aletsch dans toute sa majesté. Mais un bref instant seulement, car nous ne voyons rien, il se dérobe à nous. Ici, le sentier est très changeant, et sans visibilité, on a surtout tendance à se concentrer sur ce qu'on voit, en l'occurrence le sentier. Celui-ci serpente parmi des sapins enneigés, nous indique la direction tous les 30 mètres par le biais de ses poteaux roses et offre sans cesse des passages plus raides sur lesquels les enfants peuvent glisser. Parfois ils courent et se laissent tomber et rouler joyeusement dans la neige. Sans compter les boules de neige lancées par le Roi des lutins – son humeur s'est clairement améliorée, mais il ne peut s'empêcher de s'amuser à lancer une petite provocation de temps à autre.

Peu après 17 heures, nous atteignons Riederfurka. La nuit tombe lentement, et les employés de l'auberge éponyme sont sur le point de fermer. Tant pis pour le chocolat chaud tant attendu, mais Dieu merci, la patience du personnel nous permet encore d'acheter un paquet de chips et un esquimau au chocolat. De toute façon, nous comptons repartir très vite, car c'est maintenant que commence la véritable randonnée nocturne. Tout ceci est un peu trop inquiétant pour le Prince des bois, qui me demande de le porter.

À la lueur des lampes frontales, nous cherchons notre chemin. Bientôt, nous voyons en contrebas le village illuminé – un joli spectacle, d'autant plus qu'au même moment passent devant les lumières des bancs de brume s'élevant de la vallée. Nous avons l'impression de randonner en pleine nuit, alors que nous sommes peu de temps avant le repas du soir. De temps à autre, nous éteignons nos lampes et progressons prudemment dans le silence de la nuit. Il nous arrive de trébucher contre les hauts tas de neige amoncelés au bord du chemin, ce qui nous ramène sur le sentier – une expérience passionnante pour apprendre à se fier aux autres sens que la vue.

En nous approchant du village, nous croisons des skieurs qui rentrent tard, des vacanciers avec leurs courses et les taxis-motoneiges, le seul moyen de transport à Riederalp où les voitures ne sont pas autorisées. Nous arrivons, et incontestablement le moment est venu d'une grosse bataille de boules de neige. En définitive, nous avons encore quelques comptes à régler avec le Roi des lutins.

Malgré le brouillard sur le Moosfluh

Le troisième jour à Riederalp, l'énergie est à plat chez les enfants. Le matin, nous avons fait les sacs à dos, que nous avons envoyés dans la vallée par la télécabine, et avons prévu de descendre le sentier de randonnée hivernale jusqu'à la gare intermédiaire de Ried-Mörel. Il y a tellement de neige sur le domaine de Riederalp que j'ai supposé qu'il y en aurait assez en basse altitude, et de toute façon, le sentier de randonnée est préparé. Les plaintes fusent lorsque nous constatons sur place que le sentier n'est ni balisé ni tracé. Même la luge, que j'ai louée auparavant, n'est d'aucune utilité : la Fée enchantée et le Prince des bois veulent remonter dans la télécabine et rentrer. Et comme s'il ne manquait que cela, au même moment, un brouillard monte de la vallée et brouille le panorama, gâchant tout à la fois le temps et notre humeur.

La maman randonneuse parvient à sauver la situation et à motiver les deux plus grands, fatigués. Nous empruntons le télésiège pour monter jusqu'au Moosfluh. Alors que nous prenons de l'altitude, le brouillard se fait plus dense encore, de sorte que nous nous gardons la possibilité de ne pas descendre du télésiège, une fois arrivés au sommet. Bien sûr, jamais nous n'aurions fait une chose pareille, mais cette décision suffit à apaiser l'ensemble de la famille.

Arrivés en haut, nous entamons la descente, car à ce moment-là, le temps s'est un peu éclairci. Pourtant, nous ne voyons d'ici qu'une masse immaculée qui avale complètement le glacier d'Aletsch. Notre randonnée panoramique est à l'eau, ou plutôt dans le brouillard. Aussi, nous ne restons pas longtemps au sommet et nous nous mettons en marche. C'est le mieux que nous puissions faire en ce dimanche : l'humeur générale s'améliore considérablement au bout de quelques centaines de mètres.

Le sentier monte et descend en permanence, serpente en d'abondantes courbes le long de la crête au-dessus du glacier, bordé tout le long de son parcours de petits arbres recouverts de neige. Avec tant de variété, impossible de s'ennuyer. Nous nous laissons glisser dans les endroits les plus raides, et nous nous arrêtons en enfonçant profondément nos raquettes dans le sol ou en nous retrouvant stoppés par le mur de neige bordant le chemin.

Nous nous arrêtons à plusieurs reprises et faisons semblant de profiter du merveilleux panorama sur le glacier d'Aletsch. Cela tourne au gag entre nous de s'extasier sur la beauté du glacier. Assis sur les bancs disposés le long du chemin, nous nous montrons les uns aux autres les profondes crevasses, les longues moraines, une porte de glacier avec le joli ruisseau qui s'y écoule. Nous apercevons aussi des marmottes batifoler. Si elles sifflent une fois, cela signifie qu'un danger menace d'en haut. Deux sifflements avertissent de la présence d'un renard, trois qu'elles ont faim. Quatre, qu'elles saluent notre famille qui émerge du brouillard.

Cependant, le temps se fait de plus en plus inhospitalier, et peu à peu, le Roi des lutins perd sa motivation et sa bonne humeur. Nous renonçons alors à prolonger notre escapade sur la Riederfurka et reprenons le télésiège sur le Hohfluh. Non sans avoir profité une dernière fois de cette vue « imprenable » sur l'époustouflant glacier d'Aletsch.

Nous avons fait une super randonnée hivernale – en dépit de tout. En outre, nous savons maintenant ce qu'il nous reste à faire : revenir par beau temps — peut-être en été ? — pour admirer véritablement ce magnifique glacier. Et croiser de nouveau une marmotte qui siffle quatre fois.

Par d'affreuses giboulées de neige fondue sur le glacier Morteratsch

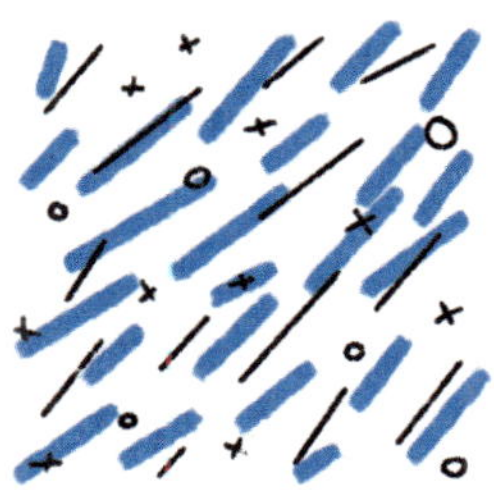

Nous sommes en mai, et un grand panneau devant l'hôtel Morteratsch nous explique que nous serons de nouveau les « bienvenus » en juin. Cela ne nous surprend pas, car nous nous sommes rendus délibérément hors saison à Pontresina pour observer les bouquetins qui à cette période descendent vers le village. Qu'une fois sur place, nous décidions de faire une autre randonnée est une évidence. Le sentier thématique menant jusqu'au glacier de Morteratsch me semble être l'option la plus appropriée. Car le temps n'est pas au beau fixe. Et le sentier est facile, probablement sans danger si les conditions venaient à se dégrader.

La veille, un habitant du coin m'a dit qu'en Engadine, le temps est toujours un peu meilleur que ce que les prévisions laissent entendre. Ainsi incités à l'optimisme, nous nous réjouissons de notre randonnée dans la marge proglaciaire. Le paysage est très beau, même dans les différentes nuances de gris qu'il prend aujourd'hui.

Impatients, nous nous mettons en route. La veille au soir, nous avons lu le petit livret consacré au sentier thématique, dans lequel le fantôme du glacier, répondant au nom de Sabi, nous invite à découvrir son secret. Le Prince des bois est particulièrement impatient. Nous suivons le large sentier, de poteau en poteau qui indiquent jusqu'où et à quelle période le glacier s'étendait dans la vallée. Et qui nous montrent à quel point il a reculé aujourd'hui. Une bien triste randonnée, me dis-je alors.

Comme toujours quand nous randonnons sur des chemins larges et longs, les enfants s'ennuient très vite. Ce contre quoi même Sabi et les panneaux d'informations ne peuvent rien. Les textes sont d'ailleurs assez exigeants, même pour le papa randonneur exercé qui s'efforce de traduire le contenu en langage adapté aux enfants. Le Roi des lutins et la Fée enchantée suggèrent qu'on suive notre propre chemin dans la marge proglaciaire – ce serait bien plus passionnant.

Je ne peux que leur donner raison, mais je négocie toutefois avec eux de couper à travers champs pour le retour et qu'en attendant, nous suivions les aventures de Sabi. Ils sont d'accord.

Plus nous nous rapprochons du glacier, plus le temps empire. J'essaie de distraire les enfants en inventant une histoire que je leur demande ensuite à tour de rôle de continuer. Cela fonctionne très bien, et nous parvenons à notre destination. Et maintenant ? Nous avons faim, et nous ne trouvons pas vraiment de quoi nous protéger de la pluie verglaçante qui s'est soudain mise à tomber. Nous nous installons sous un petit pont et mangeons la pizza de la veille. Je me réjouis que nous soyons bien équipés et que personne n'ait froid. Sur les pentes à gauche et à droite de l'endroit où nous nous trouvons, de petites avalanches de pierres se déclenchent, heureusement au loin, mais néanmoins impressionnantes. Les pierres dévalent dans un fracas sonore dans la vallée et déclenchent chez nous le réflexe de fuite.

Nous rebroussons donc chemin, à travers champs comme promis. Cependant, après le petit pont, nous nous enfonçons jusqu'aux genoux dans la neige, et le Prince des bois refuse de continuer à marcher tout seul. La Fée enchantée aussi veut rentrer le plus vite possible, car les avalanches de pierres lui font peur. Je décide alors que nous allons reprendre le sentier de randonnée – ce qui contrarie très fort le Roi des lutins qui me reproche, à juste titre, de ne pas tenir ma promesse.

Je redoute que la situation devienne difficile à gérer. Cependant la Fée enchantée avance vite, ce qui me réjouit. Devoir la motiver en plus du reste aurait été épuisant. Je porte le Prince des bois sur mes épaules ; quant au Roi des lutins, il est assez raisonnable pour me pardonner rapidement ma décision. Pour que le Prince des bois n'ait pas froid, je lui demande de marcher encore un peu ; il proteste évidemment, mais obtempère.

Bon an, mal an, nous progressons donc rapidement malgré tout. Mais nous allons probablement devoir attendre le train une demi-heure à la gare de Morteratsch, comme je le déduis en consultant l'horaire. Quel dommage ! C'est alors que me vient la bonne idée qu'il fallait avoir : prendre le train circulant dans la direction opposée jusqu'à Tirano, et de là, comme les billets visiteurs de la région d'Engadine incluent les trains, faire un petit crochet rapide par Alp Grüm dans le Val Poschiavo, avant de retourner à Pontresina.

À Alp Grüm, nous faisons l'expérience de la véritable hospitalité. Nous n'avons que 18 minutes pour nous réchauffer dans le restaurant autour d'un chocolat chaud. Ce n'est qu'après la commande, et donc trop tard, que je me rends compte qu'ils n'acceptent pas les paiements par carte bancaire. Or, je n'ai pas assez d'espèces sur moi. La patronne réagit avec pragmatisme : je vide mon porte-monnaie, lui donne tout le liquide que j'ai, et cela suffit, nous avons nos chocolats chauds. Un grand merci au Val Poschiavo !

Mal équipés dans la neige sur le Guggershörnli

En Suisse allemande, nous connaissons presque tous le *Guggisberglied*, qui est un chant traditionnel. Depuis que la rappeuse bernoise Steff la Cheffe a mis à son répertoire *Vreneli ab em Guggisberg*, les jeunes le connaissent aussi. Il en va de même pour mes enfants. Aussi, je décide de leur montrer le lieu où se déroule l'amour malheureux dont il est question dans ce chant populaire. Certes, il est encore tôt dans l'année, mais nous voulons randonner même hors saison. Ni une, ni deux, je monte donc dans le car postal à Schwarzenburg avec mes deux garçons.

Depuis Guggisberg, le trajet est court jusqu'au sommet. Et en ce jour ensoleillé, le chemin est déjà bien emprunté par les visiteurs et les randonneurs. Comme ils ont raison, car là-haut, la vue est vraiment belle.

Naturellement, le Roi des lutins est le premier à arriver en haut. Et sans surprise, le Prince des bois se laisse bien volontiers porter. Il ne sait trop bien que son papa randonneur veut arriver en haut et n'a aucune envie de retourner chaque pierre du chemin et ramasser chaque branche avec lui. Aussi, je le porte pour monter les 66 marches en bois jusqu'à la petite plateforme située sur ce poudingue caractéristique culminant à 1283 mètres.

Ensemble, nous profitons de la splendide vue panoramique, ou plutôt, j'en profite, moi, car le petit dans mon dos s'est mis à se plaindre qu'il s'ennuie ; quant au grand, il a déjà envie de redescendre. Même le cor des Alpes qui, pour d'obscures raisons, se met soudain à jouer quelque part en bas n'intéresse les deux garçons guère plus de quelques minutes. Pas le temps donc de repérer un sommet quelconque à l'aide du tableau panoramique ou même à l'horizon, ce que je referai quand les enfants deviendront adolescents et que je commencerai à trouver le temps long. Ou quelque chose du genre.

Au pied du rocher, nous ne sommes pas très enthousiastes à l'idée de redescendre à Guggisberg avec le groupe de touristes. En outre, nous ne sommes pas venus en voiture et n'avons donc pas à retourner au parking. Raison pour laquelle, au pied du Guggershörnli, nous partons en direction de Schwendelberg. Bientôt, nous avançons avec de la neige jusqu'aux chevilles. Des chaussures montantes et des jambières n'auraient pas été de trop, me dis-je alors. Mais ce n'est pas le sujet. Car en cet instant, ce qui nous amuse beaucoup plus, c'est de nous faire tomber sur la tête les bons gros paquets de neige accumulés sur les branches, à l'aide de boules de neige judicieusement envoyées.

Nous nous intéressons maintenant au hameau Wahlenhaus. Nous descendons dans profonde et courons plein d'énergie en direction de la forêt. Wahlenhaus ne serait pas des plus passionnants sans Simes Hans-Joggeli, qui y a vécu. Le jeune homme avait conquis le cœur de Vreneli – celle du chant populaire *Vreneli ab em Guggisberg*, mais cette idylle était contrariée.

En vain, nous cherchons le jardin de Hans-Joggeli, dans lequel, selon la chanson, se trouvent deux petits arbustes, un muscadier et un giroflier. En toute franchise, nous n'avons pas la moindre idée de ce à quoi ressemblent ces arbres, mais nous supposons – à juste titre – qu'ils ne peuvent absolument pas pousser sous nos latitudes. Une recherche ultérieure viendra confirmer qu'on les trouve en Asie et en Afrique.

Il n'empêche que Vreneli aurait offert de la muscade et des clous de girofle à son bien-aimé pour qu'il ne l'oublie pas. Cela n'était peut-être pas très judicieux, car ces deux épices sont réputées pour leurs propriétés aphrodisiaques. Ce qui a dû rendre notre pauvre amoureux transi plus malheureux encore !

Mais nous ne nous laissons pas attrister par cet amour malheureux et continuons d'avancer sur une route dégagée. Certes, c'est moins amusant que dans la neige profonde, mais nous progressons plus rapidement. Nous bavardons et nous lançons des boules de neige... Ainsi, le temps passe vite. Je décide alors de revenir plus tard au Guggershörnli avec Stef La Cheffe. Pour l'interviewer en ce lieu sur la randonnée et l'amour malheureux. En fait, je mettrai en œuvre cette décision à peine quelques mois plus tard. Malheureusement, l'artiste n'aura du temps à me consacrer que la semaine où justement, nous partons skier. Alors j'envoie deux collègues réaliser l'interview. Celles-ci prennent alors du bon temps avec Stef la Cheffe dans la neige profonde. Elles tournent même une petite vidéo de cet « entretien au sommet » qu'elles postent sur YouTube, ce qui réjouit mes enfants : ils sont fiers d'avoir montré à la grande rappeuse où et comment randonner.

Randonnée de nuit et par gueule de bois à Nendaz

Une promenade nocturne guidée dans le Bas-Valais, dans le cadre de la Nuit suisse de la randonnée : le choix était courageux, comme je m'en suis immédiatement rendu compte en voyant le public rassemblé devant l'Office du tourisme de Nendaz. Les enfants ont été accueillis en français, ce qui ne réjouit guère le Roi des lutins. Pour lui, le français, c'est une matière qu'il étudie à l'école, et il n'a pas envie d'y toucher pendant son temps libre. Quant à la Fée enchantée, elle est trop jeune encore pour les cours de langue. Je passe donc la nuit à faire office d'interprète simultané.

Le long des bisses, nous marchons dans la nuit. Pendant qu'il fait encore jour, Anita, notre guide de randonnée, nous explique quantité de choses sur les fleurs. Nous aspirons le nectar des fleurs de trèfle. Cueillons des orties sans nous piquer. Si nous étions dimanche, cela aurait été superflu, car mon grand-père autrefois nous avait appris, le visage sérieux, que les orties ne piquaient pas le dimanche.

Mais nous sommes samedi, et Anita les attrape à deux doigts et sans précaution particulière, comme s'il n'y avait aucun risque. M'armant de courage, je suis son exemple. Bien sûr, sans le même succès, et mes doigts me le rappellent encore le lendemain matin. Anita effleure les feuilles, de la tige à la pointe, plusieurs fois, en enlevant ainsi les poils piquants, puis nous tend les feuilles pour qu'on les mange. Pourquoi réussit-elle à ne pas se piquer et pas moi ? Le mystère reste entier.

Le vernis à ongles naturel d'Anita n'échappe pas au regard de la Fée enchantée. La guide cueille une fleur violette, appartenant à la variété qui est le vrai géranium (ceux qui ornent les balcons sont des pélarguiers), en arrache les pétales, puis demande à la fillette de se lécher les ongles, après quoi elle lui appose dessus les pétales violets. Le résultat est du plus grand chic !

La randonnée nocturne se poursuit, et nous apprenons que certaines feuilles peuvent apaiser les piqûres d'insectes (mais, là encore, pas chez moi !), comment différencier les pommes de pin rongées par les écureuils de celles sur lesquelles s'affairent les pics, et même à accroître nos performances grâce au « Redbull des Alpes », les pousses fraîches d'une plante dont j'ai malheureusement oublié le nom. Lorsque l'obscurité commence à tomber, un gamin qui randonne avec nous fait miroiter à nos enfants la perspective de goûter de la guimauve grillée au feu de bois. C'est ainsi que nous arrivons à Sofleu.

Bientôt, les flammes lèchent le bois, l'atmosphère est très agréable et douillette, et les premières guimauves ont une croûte noire. Anita nous tend des cervelas et du fromage à raclette à piquer sur nos bâtonnets pour les faire griller, ainsi que du vin et du sirop pour l'âme. Cela fait du bien. Cependant lentement mais sûrement, le Roi des lutins commence à s'impatienter, car le deuxième match de la Coupe du monde de foot a déjà commencé, et il ne peut pas le regarder. Un papa co-randonneur vient à la rescousse, et les enfants peuvent ainsi suivre les dernières minutes du match Allemagne–Suède en streaming live en plein cœur de la forêt. Je laisse faire : le principal, c'est que tout le monde soit content.

Pour finir, Anita nous montre comment faire du popcorn sur les braises. Elle place les grains de maïs dans deux grands filets métalliques qu'elle a assemblés. Effet assuré pour Anita qui récolte des regards reconnaissants : voir ainsi les grains gonfler dans le filet est très amusant. Une pointe de sel par-dessus, et nous dégustons bientôt le maïs soufflé qui a un vrai goût de brûlé – mais on s'en fiche, l'important c'est qu'il ait été fait maison.

Arrive ensuite ce qui devait arriver : à 22 heures, la Fée enchantée dit qu'elle a froid et qu'elle aimerait aller se coucher. Un comportement aussi raisonnable devrait me réjouir, mais je sais déjà que la descente va être pénible pour moi, mon dos et mes épaules. Il s'agit là de l'une de ces tâches de père particulièrement épuisantes, car la fillette est aujourd'hui trop lourde pour être portée sur les épaules, mais qui me donne ce sentiment si agréable d'être un papa héros.

Il est presque minuit quand les deux enfants, ainsi que moi-même, nous couchons, écrasés de fatigue. La soirée a été géniale, mais nous en payons le prix le lendemain. « Je n'aurais jamais cru qu'on devrait me forcer à faire de la randonnée ! » gémit le Roi des lutins le lendemain matin. Il est vraiment mal en point. Il ne cesse de m'implorer de lui prêter mon smartphone, il veut jouer à des jeux, regarder des résumés vidéos de la Coupe du monde de football ou autres. Et surtout ne pas bouger. Ni randonner, et tant pis pour ce qu'a prévu papa. Le plus petit est fatigué lui aussi, ne manque pas une occasion de provoquer ses frères et sœurs, n'obéit pas pour deux sous. Seule la Fée enchantée se montre coopérative, ce dont je lui suis très reconnaissant, car il est déjà 11 heures, autrement dit plus que temps de se mettre en route si nous voulons faire quelque chose d'intelligent. Mais manifestement la journée ne s'y prête pas.

Alors, je cède : une promenade le long d'un bisse devrait encore être possible. À Siviez, il y a un festival d'alpage, où on peut apparemment voir des vaches d'Hérens s'affronter tête contre tête de façon spectaculaire. Des gens qui travaillent sur l'alpage en costumes traditionnels. Des animations. Et sûrement la possibilité de déguster un bon quatre-heures, ou une glace. Toutes choses qui, en temps ordinaire, sembleraient alléchantes. Peine perdue. Déjà pour faire les sacs, il faut batailler : « Où est le chapeau ? Tu veux bien te mettre de la crème solaire ? Allez vous brosser les dents, enfilez vos vêtements de randonnée ! Bon sang, où a bien pu passer ce chapeau ? Et si on ne le retrouve pas, pourquoi tu ne veux pas mettre la deuxième casquette de papa ? Qu'est-ce qu'elle a qui ne va pas ? N'importe quel autre jour, tu aurais fait des pieds et des mains pour la porter. Et aujourd'hui, justement pas. »

Au bout de je ne sais combien de temps, nous finissons par nous mettre en route. Mais déjà à la hauteur du téléphérique, que nous ne comptions pas emprunter, la Fée enchantée perd son énergie. Et le petit se met à crier qu'il veut monter dans la cabine. L'aîné semble s'être résigné à son sort et se montre agréable, à défaut d'être motivé. Nous changeons donc spontanément de plan, montons dans une télécabine pour faire l'ascension du Tracouet. Au sommet, la vue de ce que les pistes de ski laissent à chaque fois après elles en été nous déprime tellement que nous décidons de repartir au plus vite.

Nous nous mettons à marcher, en ignorant que trois heures de pure randonnée nous attendent. Nous nous promenons dans la forêt de Balavaux, dans laquelle se trouvent les mélèzes dont les troncs sont les plus gros d'Europe. Quel bonheur d'admirer ces colosses ! Nous avons même la chance de voir le roi de Balavaux, un mélèze vieux de 800 à 1000 ans, qui est entouré par une passerelle, pour éviter que les visiteurs ne marchent sur ses racines. Nous nous arrêtons pour pique-niquer sur un amoncellement de gros rochers, nous réjouissant de pouvoir suivre un moment le bisse de Saxon, un long canal d'irrigation.

Pourtant, bientôt nous nous rendons compte que nous avons un peu forcé les choses en ce lendemain de promenade nocturne. Ce qui aurait convenu parfaitement à un dimanche normal est tout bonnement trop. Au bout d'un tiers de la randonnée, nous nous installons dans une petite auberge près de Tracouet. Un des garçons veut regarder le foot, l'autre aller se baigner, la fillette veut s'allonger, quant à la maman randonneuse, elle rêve d'un spa. Rien que ça !

Aux grands maux, les grands remèdes : glace pour tout le monde !

Il est temps pour le papa d'endosser de nouveau le costume de héros. Je guette tous les clients s'apprêtant à quitter l'auberge pour leur demander s'ils peuvent nous ramener à Nendaz. En vain. Même la patronne de l'auberge n'a pas très envie d'avoir affaire à des randonneurs fatigués. Bon gré mal gré, nous repartons, quittons la route alpine, et je dois motiver mon équipe comme un entraîneur de foot juste avant l'élimination de la Coupe du monde.

En croisant la route, nous apercevons deux voitures dans le virage. Ni une, ni deux, je leur fais signe et cours vers les voitures. Ô joie ! Elles s'arrêtent ! La chance nous sourit, les conducteurs acceptent de nous emmener. Pendant le trajet jusqu'à Haute-Nendaz, la famille nous raconte ce qui l'a conduite à monter là-haut : la fille et son petit ami ont randonné sur la Dent de Nendaz et sont descendus jusqu'à Tracouet, où ils sont arrivés à bout de forces. Ils ont alors téléphoné à leurs parents pour qu'ils viennent les chercher. La politesse m'interdit de leur demander ce qu'ils ont fait la veille au soir. En tout cas, ils n'ont pas l'air d'avoir la gueule de bois.

CHAPITRE VIII

AVOIR CONFIANCE

Randonner avec des enfants est pour une large part affaire de confiance. Dès que les sentiers deviennent un peu plus exigeants, les parents doivent impérativement savoir de quoi leurs protégés sont capables. Et leur faire confiance. Je m'en suis vraiment rendu compte pour la première fois lors d'une promenade sur le Monte Caslano dans le Tessin, alors que le Roi des lutins avait 4 ans et la Fée enchantée 1 an. Ce n'était qu'un petit épisode, mais il m'a fait prendre conscience de mon rôle de papa randonneur.

Nous randonnions avec des amis et leurs enfants et faisions une pause sur une petite plage. Nous n'avions pas pris nos maillots de bain. Une vieille branche épaisse flottait à la surface de l'eau, près de la rive. Les enfants de nos amis, un peu plus âgés que les nôtres, ont immédiatement voulu grimper dessus et se balancer en équilibre. Leur père les regardait calmement et ne réagissait pas plus lorsque leurs mouvements se faisaient incertains ou qu'ils perdaient l'équilibre l'espace d'un court instant. Compréhensible, car les conséquences d'une chute auraient été faibles, voire négligeables : vêtements et chaussures mouillés ; dans le pire des cas une bosse ou un pied foulé. Nos enfants ont voulu les imiter. J'ai calqué mon attitude sur celle de mon ami, les regardant, imperturbable. Les soutenant quand ils ont demandé de l'aide, et leur faisant confiance quand ils ont voulu grimper par eux-mêmes. Je me suis demandé, pourquoi, à ce moment-là, j'avais besoin d'aider mes enfants alors qu'ils n'avaient pas besoin de cela. En fait, ils avaient besoin de ma confiance. Peut-être même que je détourne le regard ? Ce que j'ai alors fait, me lançant dans une discussion animée avec mon ami sur la randonnée de Monte Tamaro à Monte Lema.

Mon fils peut y arriver !

L'expérience vécue au lac de Lugano, je m'en souviens encore six ans plus tard. Je randonne alors avec le Roi des lutins au sud de Krauchthal, près de Berne. C'est une belle journée de printemps, et nous venons de découvrir le Fluebabi, un pilier de grès d'environ six mètres qui se dresse, élégant, dans les airs. Il est disposé sur un socle arrondi, sur lequel le Roi des lutins, concentré, se balance. En dessous de lui, une profondeur de plusieurs mètres dans les fourrés – combien ? Impossible à dire, car ce monument se trouve sur une longue crête. À chaque pas, les chaussures de randonnée frottent contre la pierre sablonneuse, trouvant généralement une prise immédiate, mais parfois le pied glisse d'une dizaine de centimètres. Ce qui ne trouble pas le petit garçon : curieux, il continue de grimper. Sait-il que je l'observe ? Et que je serre les fesses plus la paroi qu'il escalade se fait raide ?

Un rappel à la prudence me brûle les lèvres, mais je le retiens délibérément. Je chasse la pensée de ce qui pourrait arriver si son pied glissait plus bas et si mon fils faisait une chute dans les fourrés. Je ne laisse pas ce scénario se dérouler mentalement. Je dois endurer ce malaise et croire aux capacités de mon fils. En réalité, il grimpe beaucoup mieux que moi, il est plus léger, son esprit n'est pas encombré de pensées parasites, il ne pense pas à l'échec. Merveilleux, si ce n'était… non, il me faut penser positivement. Sans compromis !

Bientôt, j'ai surmonté le malaise qui m'a saisi, et le Roi des lutins se repose au soleil sur un plateau rocheux. Je m'approche de lui – en tant que responsable d'éducation soucieux de la sécurité, je choisis naturellement le chemin le plus sûr mais aussi le plus long autour du pilier, où l'ascension est moins difficile. Je ne montre rien de ce qui m'a traversé l'esprit, et le félicite d'un air désinvolte.

La randonnée se poursuit, nous menant, sans stress, à travers bois et montant vers la tour du Bantiger. En grimpant en haut de la plateforme de près de 34 mètres de haut, nous voyons à travers les grillages de l'escalier. Vertigineux… mais il n'y aucun risque de tomber. Les rampes hautes d'un mètre en acier massif tranquillisent le papa randonneur et lui permettent de profiter de la vue sur la ville de Berne et sur l'Oberland bernois.

Une demi-heure plus tard, c'en est fini de l'absence de stress. Une deuxième formation rocheuse en grès attire mon fils. Cette fois, il s'agit d'un arc large d'une dizaine de mètres de haut environ, qui, de côté, ressemble à un éléphant – c'est d'ailleurs sous ce nom qu'il est connu dans la région. Là encore, la descente est abrupte. Impossible pour mon fils de s'en sortir sans une égratignure s'il venait à tomber, me dis-je alors. Je m'en veux pour ces pensées qui, de nouveau, me passent par la tête. Il est grand temps pour moi de grimper à la suite de mon fils et de passer moi aussi cette petite épreuve de courage. Mais aussi de me rappeler que je grimpais, plus jeune, sans être effleuré par le moindre doute. Et que parfois je suis tombé, récoltant moult égratignures. Ce qui ne m'empêchait pas de réessayer tout de suite après.

Un peu plus tard, nous prenons ensemble le soleil de la soirée, parlons de notre aventure du jour et nous demandons comment cet éléphant a pu se former. Ce n'est que le lendemain que je lis deux explications différentes à ce sujet. La première, qui explique la formation de cet « éléphant » par les diverses érosions par l'eau, le vent, le gel et le sel en raison des tensions internes produites au cœur de la roche. Là où la pression était plus forte, plus de roche a été préservée. La deuxième explication renvoie à une création humaine : des tailleurs de pierre qui s'ennuyaient auraient, pour passer le temps, travaillé sur cet éperon rocheux pendant la construction du château voisin de Geristein, aujourd'hui à l'état de ruine. Quoi qu'il en soit, c'est de nos jours un lieu d'escalade familial d'un genre particulier. Même si mon fils doit d'abord m'en convaincre.

La frontière entre le défi et l'excès d'exigences

Dans l'éducation de mes enfants, un objectif qui me tient à cœur est de leur apprendre à être courageux, à évaluer leurs capacités de façon réaliste et à oser demander un avis. Ce n'est pas facile, autant pour moi que pour eux. Où se situe la frontière entre un défi sain et un excès d'exigences malsain ? Probablement là où vous, en tant que père, êtes à l'aise et pouvez supporter de regarder ou encore détourner le regard sans vous faire un sang d'encre. Et là où les enfants osent et s'autorisent juste ce qu'il faut.

Bien évidemment, cette limite est très personnelle, y compris pour ma femme et moi. C'est une discussion que nous avons souvent, probablement aussi parce que nous ne sommes pas d'accord sur le sujet. C'est aussi l'une de ces discussions qui n'est jamais close. Selon la forme physique des enfants et celle des parents, de même que le contexte et l'environnement, cette limite fluctue,, et c'est aussi bien ainsi. Les capacités d'une personne varient suivant les jours – aussi bien en termes de performances que de ce que l'on peut supporter de regarder. Dès lors, il est parfaitement acceptable que la maman randonneuse ne fasse pas avec nous l'ascension de chaque sommet, si elle n'en a pas envie. J'apprécie d'autant plus qu'elle me laisse partir ainsi avec les enfants, qu'elle me fasse confiance, qu'elle fasse confiance aux enfants, même si cela est très éprouvant pour elle. Sa confiance m'honore. Et me donne la force de ne pas faire plus que ce dont je nous crois capables. De ne pas prendre de risques trop grands, d'être même capable d'arrêter et de décider de faire demi-tour. Sa confiance me pousse à évaluer soigneusement le niveau d'exigence et à préparer sérieusement les randonnées, et à me préparer, moi, avec le même sérieux. Enfin, sa confiance constitue aussi un immense cadeau : c'est un sentiment incroyablement agréable de se savoir ainsi soutenu par une femme forte, qu'elle participe ou non à la randonnée.

Aventure sur un sentier de randonnée alpine

L'une de ces randonnées effectuées sans la maman randonneuse est celle du Gsürweg, le sentier de Gsür, au-dessus d'Adelboden, passant par un impressionnant cratère comportant des sillons de pierre et de larges rubans herbeux. C'est le premier sentier de randonnée alpine balisé blanc-bleu-blanc que mes enfants et moi réussissons à faire. Il s'agit aussi de l'une de mes randonnées préférées, car elle nous fait découvrir un paysage accidenté. Le cratère est visible de partout ou presque dans la vallée ; en revanche, on ne peut voir le sentier que si on le connaît, coupant à l'horizontale dans le flanc abrupt. Le chemin est bien aménagé, sans qu'il y ait toutefois ni chaînes ni main courante. Quiconque trébuche malencontreusement ici n'a plus qu'à s'en remettre à ses anges gardiens.

Ce circuit est-il adapté à des enfants ? C'est la question que je me suis posée au début de mes vacances. Il s'agit d'un sentier de randonnée alpine, en d'autres termes, destiné plutôt aux randonneurs expérimentés, non sujets au vertige et en très bonne condition physique. Tout à fait nous, ai-je alors pensé. Grâce aux nombreuses randonnées entreprises ensemble ces dernières années, mes enfants sont expérimentés. Je sais ce dont ils sont capables, à quel point ils sont persévérants et comment ils réagissent. En maintes occasions, j'ai pu constater qu'ils sont capables de concentration dans les moments difficiles. Ces éléments m'amènent à décider que je peux tenter la randonnée de Gsür. D'autant plus que je connais le circuit et que j'ai consulté les prévisions météorologiques.

Nous prenons le téléphérique jusqu'à Tschentenalp, nous défoulons sur l'aire de jeux avant de nous mettre en route. Le début ne présente aucune difficulté, le sentier traverse une prairie alpine. Comme à mon habitude, je cache des oursons en gélatine. Tout excités, la Fée enchantée et le Roi des lutins chassent des sauterelles. Le premier panneau blanc-bleu-blanc donne le signal : c'est ici que les choses sérieuses commencent. La Fée enchantée, du haut de ses 7 ans, libère les sauterelles qu'elle a attrapées et s'allonge pour se reposer. Quant au Roi des lutins, de trois ans son aîné, il regarde, captivé, en direction de Gsür et se réjouit de ce qui nous attend. Le moment est venu : c'est parti !

Dès cet instant, les deux enfants font preuve d'une très grande concentration. Pas de « J'en ai assez »,« J'ai faim », rien. Deux heures durant, aucune dispute, aucune chamaillerie. Ils s'engagent prudemment dans les portions étroites et escarpées, escaladent deux ou trois passages rocheux et comptent les nombreux ruisseaux et filets d'eau – presque une quarantaine à la fin. À Gsür-Bänkli, nous nous arrêtons pour faire une pause. Une grotte creusée dans la roche nous donne un peu d'espace pour nous reposer.

Nous nous reposons assis, sans gesticuler ni rien escalader. Et quand la Fée enchantée commence à en avoir assez, elle se ressaisit et nous pouvons reprendre la randonnée. Les enfants maîtrisent bien aussi la descente abrupte jusqu'à Schermtanne sur le sentier de montagne balisé blanc-rouge-blanc. Je suis impressionné.

Pour répondre à la question du début : oui, cette randonnée peut s'effectuer avec des enfants. Mais fixer une limite d'âge n'aurait aucun sens. Comme pour les adultes, cela dépend de l'expérience, des capacités et de l'équipement. Ainsi que de la confiance entre les enfants et les parents. En définitive, toute la responsabilité est portée par ces derniers. Un défi ne devient un danger que s'il est appréhendé de façon inconsidérée.

Bien évidemment, cela ne s'applique pas à tous les sentiers de randonnée alpine. Après le Gsürweg, entreprendre l'ascension de l'Albristhore ne me viendrait pas à l'esprit avec des enfants de cet âge. Celle-ci se fait en pente raide sur des éboulis et des rochers meubles, et il faut en outre trouver soi-même le chemin entre deux repères.

Ce sentier blanc-bleu-blanc a constitué le moment fort de notre saison de randonnée : impressionnant, exigeant, stimulant. Une confirmation de ce que nous avions appris jusque-là lors de nos précédentes randonnées.

Les dangers quotidiens

Enfin, il existe des randonnées qui se déroulent si paisiblement qu'il n'y a rien ou presque à raconter. La randonnée le long de l'Aar près de Berne est l'une d'entre elles : deux bacs, des bains romains, une auberge idyllique avec une aire de jeux et, pour terminer, un tunnel sombre : les enfants suivent sans problème. Il ne me reste qu'à peindre les choses en noir pour réussir malgré tout à en faire un récit.

Et si on songeait à tout ce qui pourrait arriver dans ce type de randonnée ! Oui, même lors d'une petite randonnée familiale facile, qui commence à dix minutes en train de Berne. Depuis la gare de Worblaufen, nous descendons le long de l'Aar, et j'espère sincèrement qu'en dépit d'un sentier large et plat, aucun de mes trois enfants ne tombe dans la rivière et se noie. Si cela arrivait, peut-être pourrais-je encore le sauver, mais il aurait sûrement été mordu par une tique, car avant de tomber à l'eau, il aurait marché dans les hautes herbes de la prairie et l'eau aurait sûrement enlevé le spray anti-tique. À moins que les tiques puissent se noyer, une fois leur forfait accompli ?

À Reichenbach, quantité de choses peuvent mal tourner en prenant le bac. Là encore, les enfants courent le risque de tomber dans l'Aar, soit en embarquant, soit plus tard, alors que nous sommes assis d'un seul côté du bateau et que celui-ci gîte. Puis nous montons dans la forêt, en suivant l'Aar, qui coule en contrebas. Ensuite, une pente abrupte nous mène en bas jusqu'à la rive, où nous pouvons voir les tourbillons de la rivière. Surtout, ne pas tomber ! Il y a très très longtemps, cela n'aurait pu arriver : en effet, à une époque lointaine, la rivière était au même niveau que la forêt. Depuis, son lit s'est érodé dans le sol de molasse.

Les enfants se lancent maintenant dans les fourrés, comme ils en ont l'habitude quand ils commencent à trouver un peu ennuyeux le sentier qui s'étire trop longtemps en ligne droite. Ils se fraient un chemin à travers les orties, les ronces épineuses, naturellement toutes infestées de tiques. Certes, les enfants portent pantalons et chaussettes et ont été aspergés de spray anti-insectes, mais il y a de quoi être inquiet ! Pour parer aux risques, j'ai une trousse d'urgence avec moi, une pince à tiques et même un roller contre les piqûres de moustiques.

Bientôt, nous apercevons un petit arbre en travers du chemin, qui est peut-être tombé lors du dernier orage. Heureusement qu'il n'est pas tombé au moment où nous passions sur le chemin. Ouf ! Car ç'en aurait été fini de nous ! Le moment est tout trouvé pour faire une pause, et par chance, il est possible de faire un feu. Nous nous sculptons des bâtons – attention aux doigts ! Attention, ça pique ! –, piquons dessus des morceaux de cervelas et les plaçons sur les braises – attention à ne pas se brûler les doigts ! Pendant que nous mangeons, nous sommes harcelés par les guêpes. Si par malheur on en avale une, la gorge gonfle et on risque d'étouffer. Par « chance », elles ne nous piquent que les doigts.

Après avoir bien – ou plutôt trop – mangé, nous repartons en direction des thermes romains. Le bâtiment reconstruit est entouré d'une clôture ajourée, et des panneaux d'information expliquent comment il était chauffé à l'époque. Un système ingénieux. Malheureusement, de nombreuses branches d'orties jonchent le circuit autour de la maison. Attention à ne pas se piquer ! En outre, nous sommes depuis un long moment au soleil. Nous nous remettons de la crème solaire, pour éviter le coup de soleil sinon garanti.

De retour dans la forêt, nous descendons un petit escalier – attention à ne pas glisser et tomber, car il y a des cailloux sur les marches ! Mais cela ne dérange que moi, les enfants sont depuis longtemps repartis dans les bois et attendent avec impatience la glace promise (attention au sucre !) au « Zehndi », comme on appelle le restaurant Zehndermätteli à Berne.

Un endroit formidable, par ailleurs, si ce n'est les guêpes qui, là aussi, viennent nous harceler. Quant aux enfants, impossible de leur interdire de grimper avec leur glace sur le tracteur mis au rebut ou sur le vieux bac. Surtout ne pas penser à ce qu'il se passerait si l'un d'eux s'étouffait en tombant ou se cassait la jambe.

Le moment est venu de rappeler les enfants et de se remettre en route ! En reprenant le bac, je suis de nouveau un peu anxieux lors de l'embarquement et pendant la traversée. Heureusement, c'est la dernière fois, et les enfants en profitent royalement – d'une façon qui me laisse même un peu perplexe !

Sur cette rive, nous continuons à descendre la rivière, mais pas jusqu'à Bremgarten, sinon nous manquerions le tunnel. Celui-ci est, en raison de la proximité de la ville, totalement recouvert de graffitis. Pourrait-il même y avoir des toxicos, voire des seringues qui traînent ? En fait, non, il est propre, mais il y fait froid. Et les enfants, qui ne portent que des t-shirts, vont sûrement s'enrhumer s'ils restent y jouer trop longtemps.

Nous ressortons du tunnel, émergeons à la lumière et prenons la direction de l'arrêt de bus. Il nous faut faire très attention à ce qu'aucune voiture ne nous écrase. Il nous reste encore à attraper le bus – ouf, c'est fait ! Nous avons survécu à la jungle aux portes de la ville et sommes en sécurité. Pour finir, nous flânons à Berne – le regard rivé à notre portable – jusqu'à la place de la gare, où, aux heures de pointe, voitures, camions, bus, trams, vélos sans oublier les nombreux piétons se livrent à leur combat quotidien.

CHAPITRE IX

RANDONNER SANS LES ENFANTS

Souvent, il est impossible pour un père d'enfants en bas âge de partir randonner seul. Raison pour laquelle nous en profitons quand, en avril 2018, nous avons la chance que nos parents prennent avec eux nos trois enfants pour une semaine de vacances. Tout à coup, ma femme et moi nous retrouvons temporairement sans enfant. Quel luxe d'avoir des parents prêts à s'investir comme cela auprès de nos rejetons ! La liste des souhaits et de « ce que nous voulons faire depuis longtemps » se remplit rapidement. Nous décidons de passer ce temps chez nous et de ne rien entreprendre de trop ambitieux.

Je passe les premiers jours à ne rien faire de spectaculaire. Le premier soir, je reste tard au bureau : le bouclage du magazine RANDONNER.CH approche, et je profite de pouvoir travailler sans être dérangé ni pressé par le temps. Les deux jours suivants, nous les passons à transporter les vêtements d'hiver à la cave et à sortir les vêtements d'été. Une performance logistique et organisationnelle à ne surtout pas sous-estimer et que ma femme entreprend deux fois par an.

Je me vois confier la tâche incroyablement importante de nettoyer les chaussures. L'atmosphère est printanière, aussi je dépose la montagne de chaussures près du robinet devant la maison, je m'installe au soleil et je m'y mets. 27 fabuleuses paires et demie. Chaussures d'hiver et de randonnée, multipliées par cinq. La demi-paire manquante est une chaussure de randonnée à moi ; la semelle est à refaire, raison pour laquelle elle se trouve chez le cordonnier depuis des semaines, où je dois aller la récupérer.

Arrive enfin le « jour de papa », où je m'occupe généralement des enfants. J'ai décidé de l'utiliser pour une randonnée en solitaire, et j'ai d'ailleurs longtemps réfléchi à la destination : en avril, un circuit en montagne n'est pas encore possible, ou seulement avec des raquettes, ce qui ne me tente plus. J'opte donc pour un circuit dans le Jura, si possible jusqu'au Chasseron, en ignorant la neige que je vois sur la webcam du Creux-du-Van.

Le cœur léger, je me rends jusque dans le Val-de-Travers. Descendant à Môtiers, je traverse le village en passant devant les boutiques d'absinthe, avant de marquer un premier arrêt à la cascade toute proche. La cascade de Môtiers est véritablement impressionnante, et après avoir un peu grimpé et sauté de pierre en pierre, je me retrouve derrière le rocher de Rousseau, à l'entrée de la grotte sombre où l'écrivain aimait se rendre et dans laquelle j'avance sur quelques mètres. Malheureusement, je n'ai pas de lampe frontale, et de toute façon il fera bientôt trop sombre pour s'aventurer dans la grotte en avançant sur les pierres glissantes. Sans le moindre drame, ni cris d'enfant ou plaintes concernant ce qu'on rate, je rebrousse alors chemin. Je reviendrai ici un an plus tard avec mes enfants, et cette fois nous visiterons la grotte (voir le chapitre III).

Je prends maintenant la direction des gorges de la Poëta-Raisse. Le sentier se déroule de façon charmante jusqu'aux gorges. Néanmoins, je dois me concentrer, car il mène à l'entrée étroite et abrupte des gorges par des marches en bois en partie mouillées par les dernières neiges. Impossible avec des enfants. Arrivé en haut, je me retrouve soudain en pleine neige. Je repense aux images de la webcam, oui, celles du Creux-du-Van tout proche. Telle est la chance du papa randonneur marchant en solo : celle de n'avoir pas à élaborer à l'avance tous les scénarios possibles pour éviter de se retrouver dans une situation difficile avec trois enfants.

J'appréhende la neige qui m'arrive bientôt jusqu'aux genoux comme un défi physique et technique. Heureusement, quelqu'un est passé quelque temps avant moi, mais la piste est un peu effacée, il y a de la poussière sur la vieille neige. La montée jusqu'aux Cernets-Dessus est longue ; je sens les battements accélérés de mon cœur et suis trempé de sueur. Mais seul, heureux et uniquement responsable de moi-même. Je me fraie mon chemin dans la neige, reconnaissant qu'un responsable des sentiers de randonnée ait défini que les sentiers devaient être signalés à environ 1 mètre et demi de hauteur et pas seulement au sol. Le gazouillis des oiseaux me rappelle que nous sommes au printemps. Je trouve des traces de gibier, et même les restes d'un combat où un oiseau y a laissé des plumes.

En définitive, le Chasseron restera sur ma liste de souhaits : je suis à 200 mètres du sommet, et la neige est partout. J'en reste là : je fais demi-tour, descendant en direction de Fleurier. Bientôt, la neige a disparu et tout est moins éprouvant. Je finis par arriver à la gare avec mes chaussures complètement crottées. C'est l'une des 27 paires et demie que j'ai nettoyées deux jours plus tôt.

Ce qui fait le marcheur solo

Au chapitre II, je raconte comment le Roi des lutins m'a amené à prendre conscience qu'une promenade dans le quartier n'était pas nécessairement ennuyeuse. Cette prise de conscience n'est pas venue d'une question ou d'une remarque de sa part – d'ailleurs, mon fils a plutôt l'air de penser que j'ai toujours quelque chose de précis en tête quand je formule une proposition, même s'il arrive que ce soit lui qui propose l'idée ! Cependant, la plupart du temps, ces idées ne viennent pas comme ça, de nulle part. Elles sont l'aboutissement d'un processus, le résultat de pensées que j'ai eues au cours de précédentes randonnées. Parfois, ce sont les observations sur place qui me donnent une idée. Ou alors, dans le trajet de retour en train, je passe en revue la randonnée juste terminée. J'ai toujours mon petit carnet noir sur moi.

J'ai toujours mon petit carnet noir sur moi. Ses pensées, on peut également les taper sur son smartphone ou les enregistrer, je le sais pertinemment. Mais le plaisir est plus grand quand on les écrit dans un beau carnet. En outre, il m'arrive très fréquemment de mettre à la poubelle sans m'en rendre compte les données de mon téléphone portable. Il m'arrive souvent de ressortir un ancien carnet, parce que je me souviens avoir eu lors de telle ou telle randonnée une pensée agréable ou utile. Et en compulsant le carnet, je tombe sur d'autres notes, et je deviens créatif.

J'aime randonner seul. Je marche, il n'y a que moi et mes pensées. La plupart du temps, au début, je perçois très intensément la nature qui m'entoure, puis peu à peu, je me plonge dans mes pensées. Tout d'abord, ce sont des pensées relatives au quotidien : ce que je dois encore faire, ce qui m'attend, ce que j'aurais dû faire depuis longtemps, ce qui est présent à mon esprit. Souvent, je fais alors une pause, afin de tout noter pour m'en libérer. Parfois, le fait même d'écrire m'apporte des solutions, elles viennent d'elles-mêmes.

Une fois que je me suis délesté des préoccupations du quotidien, je me remets à marcher. Je peux alors repenser à ce que je viens d'écrire ou laisser émerger de nouvelles pensées et idées. Je me plonge de plus en plus en moi-même, développe des idées, voire des projets, je trouve des solutions à des problèmes que je traîne depuis longtemps. Dans cette phase, j'avance sans y penser, comme cela arrive parfois au volant de sa voiture en rentrant du travail, quand on se rend compte qu'on est soudain arrivé chez soi et qu'on n'a pas vu passer le trajet. Sur des sentiers de randonnée faciles, fort heureusement, cela est sans conséquences, il n'y a pas de risque d'accident. Quand j'arrive à un passage délicat, je sors tout naturellement de mes pensées. Je marche lentement. Parfois, je me perds ; cela ne me contrarie nullement, car cela prolonge le temps passé hors du quotidien.

Pour moi, une randonnée est tout à la fois vivifiante et inspirante. L'écrivain américain Henry David Thoreau a merveilleusement formulé cet effet dans le volume 3 de son Journal : « Il me semble qu'au moment où mes jambes se mettent à bouger, mes pensées aussi se mettent à s'écouler, comme si j'avais donné libre cours à la rivière en aval, et qu'en amont alors de nouvelles sources y jaillissent. Les milliers de ruisseaux qui jaillissent des sources de pensées explosent et fertilisent mon esprit. »

Profession randonneur

De temps à autre, il m'est arrivé de partir seul en randonnée pour des raisons professionnelles. C'est pour moi un véritable privilège, que j'estime à sa juste valeur, même s'il ne s'agit nullement, lors de ces randonnées, de loisir, mais d'un travail que j'apprécie beaucoup. Nous, rédacteurs de Suisse Rando, recherchons nos suggestions de randonnées directement sur le terrain. En d'autres termes, nous avons effectué ces randonnées, en avons élaboré le parcours tout d'abord lors de nos discussions, puis sur le terrain, avons vérifié et évalué différentes variantes. Nous nous sommes assurés que la signalisation et que les sentiers étaient bons – et si tel n'était pas le cas, nous avons fait remonter des suggestions d'amélioration aux responsables. Nous avons réfléchi aux allers et retours, vérifié les possibilités de restauration lors du parcours. Enfin, nous avons pris des photos des randonnées afin de les documenter et d'illustrer nos suggestions de randonnées. Tout ce travail est ensuite vérifié par quelqu'un d'autre à la rédaction, puis un cartographe élabore la carte. Si, à ce stade, des erreurs ou des inexactitudes apparaissent, c'est assez contrariant, car la plupart du temps elles auraient pu être clarifiées sur le terrain avec un peu plus d'attention.

Beaucoup d'éléments entrent en ligne de compte pour tester sur le terrain une randonnée pour un magazine. Les conditions météorologiques et la nature constituent les défis les plus importants. En fait, le soleil seul ne suffit pas ; quand il y a de la brume, les photos sont floues et les couleurs pâles. Les photos prises au printemps mettent bien en valeur le vert des feuillages ou les couleurs des fleurs, mais obtenir les deux ensemble est plus difficile. Si les arbres ou les plantes précoces sont en fleurs, les autres branches autour sont encore nues et le sol est jonché de feuilles d'automne desséchées. Puis les feuilles poussent, d'un joli vert clair mais pour quelques semaines seulement. La même chose se produit en automne : pendant environ trois semaines en tout et pour tout dans l'année, il est possible de photographier des mélèzes orangés – avec un peu de chance, le soleil brille et il n'a pas encore neigé. Quant aux photos d'hiver, elles n'offrent d'intérêt qu'avec de la neige fraîche sur les arbres, le ciel bleu et le soleil. Mais ce dernier fait que la neige des arbres tombe au sol déjà vers midi. Autrement dit : il faut se lever tôt pour prendre les photos. D'ailleurs, cette règle est valable tout le temps, car, de par leur lumière plus douce, les photos prises le matin et le soir sont plus homogènes que les clichés pris à midi.

Les bulletins météorologiques sont utiles, mais ils ne sont pas toujours corrects. Aussi, déterminer le meilleur jour de repérage sur le terrain peut relever de la loterie. Quand les meilleures conditions sont réunies, le journaliste et le photographe doivent parfois laisser en plan tout ce qu'ils ont en cours pour partir. Si le sujet est un reportage familial, il faut encore organiser les choses avec toute la famille, dont la flexibilité est naturellement réduite avec des enfants d'âge scolaire.

Généralement, mes enfants sont plutôt motivés par la perspective de participer à un reportage pour le magazine. En outre, il est toujours agréable de randonner. Mais il y a des moments où nous aimerions n'être qu'une famille de randonneurs ordinaire – ou simplement faire la grasse matinée et ne pas avoir à nous lever pour randonner. Une famille de cinq personnes est comme une pochette-surprise : bonne et mauvaise humeur, motivation, joie vont et viennent et sont parfois très variables. Randonneur en reportage, cela m'aide de savoir que je finirai toujours, dans ce type de situations, par trouver un moyen pour que ma famille m'accompagne. Car une fois en route, ces difficultés de démarrage sont vite surmontées et oubliées.

Quand la théorie reste de la théorie

Il va de soi que ce chapitre comprend un épisode qui réfute toutes les théories que je viens d'exposer. Il s'agit d'une randonnée sur le Chaiserstuel. Je l'ai planifiée pour une journée père-fils, autrement dit juste pour mon aîné et moi. Cependant, mon fils a d'autres projets. Je suis surpris, car c'est la première fois qu'il dédaigne une randonnée. Ce moment est-il arrivé, contre lequel j'ai été mis en garde quelques jours plus tôt à peine, quand mon collègue journaliste, un peu plus âgé que moi, m'a dit : « Je suis curieux de voir ce qui se passera dans les années à venir, quand tes enfants seront plus âgés. Je suis sûr qu'ils seront beaucoup moins enthousiastes à l'idée de t'accompagner. » J'ai ri, rétorquant, optimiste : « On verra bien », avant d'ajouter : « Tu sais, mon fils adore randonner. » Que sa prophétie se soit réalisée aussi vite et que je me retrouve seul à faire l'ascension du Chaiserstuel, je ne l'ai vraiment pas vu venir.

Certes, les raisons pour lesquelles le Roi des lutins repousse ma proposition sont compréhensibles. Le matin, sa classe part à Berne pour une course d'orientation – une des rares demi-journées dont nous, parents, pouvons les dispenser sans avoir pour cela à fournir de motif. Et l'après-midi, c'est son entraînement de frisbee, qu'il adore – dehors et sur l'herbe pour la dernière fois de la saison, avant de réintégrer la salle de gym étouffante où se déroulent, l'hiver, les entraînements.

Je pars donc seul, tôt, prends le train en direction d'Oberrickenbach dans le canton de Nidwald, où je monte dans le petit téléphérique rouge, le Buiräbähnli. Cela aurait bien plu au Roi des lutins, me dis-je alors en refermant manuellement la porte de la cabine. Puis, quand je change de cabine – une avec une plateforme ouverte et conçue pour un nombre plus restreint de passagers – cette même pensée me traverse à nouveau l'esprit. Ce ne sera pas la dernière fois ce jour-là.

En fait, il me manque la personne test de ma randonnée familiale. Mon article de magazine a pour sujet les sommets qui se prêtent à une première expérience en famille. Grimper ensemble jusqu'au sommet, se tomber dans les bras comme si nous venions de réussir l'ascension du mont Everest, savourer ensemble le sirop de la réussite : c'est ainsi que j'avais planifié notre journée.

Je tente alors de m'imaginer tout cela. Sur la première partie de la randonnée jusqu'à Rinderstafel, le garçon de 11 ans dirait sûrement que ce large sentier de montagne pavé est barbant, et qu'il préférerait randonner sur un sentier étroit. Je ne manquerais pas de lui donner raison. Sur le col de Sinsgäuer, il admirerait peut-être la belle vue panoramique, à moins qu'il l'ignore tout bonnement. Avant de se réjouir que le sentier de randonnée alpine balisé blanc-bleu-blanc démarre enfin, défi ultime pour lui, jeune randonneur expérimenté. Je lui conseillerais alors de se concentrer pour le petit passage d'arête qui arrive ensuite, suivi d'une montée abrupte en zigzag sur un chemin glissant. L'orage de la nuit précédente a ramolli le chemin, je me réjouis d'avoir emporté mes bâtons et m'imagine que mon fils aussi aurait les siens. En réalité, il n'en a pas encore, aussi je me demande si cela pourrait être un cadeau de Noël approprié. Peut-être pas. Puis j'imagine mon fils gravir la montagne d'un pas léger.

Entretemps et de façon tout à fait impromptue, je me suis trouvé des compagnons de randonnée. Pendant que je faisais une pause, deux groupes de soldats m'ont dépassé, et voilà que nous gravissons maintenant le Chaiserstuel les uns derrière les autres. Moi, avec un poids léger sur le dos, eux avec des sacs à dos bien remplis, des cordes et des pioches, mais sans bâtons. Ils bataillent sur le sol glissant alors que je les dépasse. Bientôt, nous parvenons sur une crête plate et herbeuse, où la progression est bien plus aisée, avant d'attaquer les derniers 100 mètres jusqu'au sommet sur une piste parmi des éboulis. Tout ceci ne serait pas un problème pour mon fils. Il apprécierait de marcher d'un bon pas en compagnie de son père et de ne pas avoir à attendre son frère et sa sœur. Et, pour finir, de réussir l'ultime ascension jusqu'au sommet. Puis il s'allongerait confortablement dans l'herbe et déballerait son pique-nique. Je l'appellerais bientôt pour prendre la photo au sommet.

Justement, comment faire la photo au sommet ? Aux alentours, je ne distingue pas le moindre enfant, seuls les soldats se reposent près de moi. Je leur demande alors s'ils veulent être sur la photo. Les aspirants acceptent volontiers, levant même les bras au ciel comme s'ils avaient des ailes. Ce sont des aviateurs, comme je l'apprendrai plus tard. Tout se passe comme cela aurait pu se passer avec mon fils. Donc, tout va bien. Le soir, j'ai montré les photos à mon fils, en espérant lui faire regretter un peu la randonnée du jour.

CHAPITRE X

BIEN PRÉPARÉ JUSQU'AU SOMMET

Le sommet : pour nombre de jeunes randonneurs et randonneuses, il a probablement toujours été l'objectif principal. Pour nombre de leurs parents aussi. À un moment ou un autre surgit toujours le désir de se retrouver tous ensemble en famille, autour de la croix au sommet, après tout ce qu'on a vécu ensemble, pour y parvenir. Cependant, la plupart du temps, ce désir apparaît trop tôt. Car l'ascension d'un sommet n'a rien d'une entreprise spontanée. Et il appartient aux parents d'y mener les enfants avec précaution, afin que cette randonnée ne soit ni risquée ni un fiasco. Aussi, pourquoi ne pas se fixer d'abord comme objectif en tant que famille de passer une nuit dans un gîte, d'entreprendre un circuit exigeant de plusieurs longues journées de randonnée, ou une randonnée hivernale en montagne ? Pour profiter plus longtemps de l'anticipation, avant de terminer par le moment fort, à savoir l'ascension du sommet.

S'entraîner à randonner

Une ascension de sommet en famille réussie, ou tout autre destination de randonnée exigeante en famille, implique une planification et un entraînement sur la durée. Certes, la randonnée est un sport populaire, et même l'un des plus appréciés et pratiqués en Suisse. Cela ne signifie pas pour autant que sa discipline reine, à savoir la randonnée en montagne ou la randonnée alpine, est accessible à chaque enfant sans compétences ni entraînement. Pourquoi certains parents considèrent-ils que leur enfant est capable d'effectuer sans problème et qui plus est avec plaisir une randonnée en montagne sans qu'il y ait été préparé ? Ces mêmes parents partent-ils du principe que leur enfant peut, sans entraînement, participer au championnat suisse de football ou de gymnastique artistique et le gagner ? J'ai parfois le sentiment que de nombreux parents le croient vraiment et qu'ils surestiment les capacités de leurs enfants. Il s'agit probablement d'une caractéristique de notre époque qui pousse à se considérer soi-même et ses enfants de façon peu critique et à ne pas appréhender la pratique de la randonnée avec la lenteur et la progressivité qui s'imposent.

Comme pour tous les sports, plus on pratique la randonnée, plus on gagne en assurance, en résistance et en sécurité. Cela vaut pour les enfants comme pour les parents ; les uns et les autres acquièrent plus d'expérience, savent mieux ce dont eux-mêmes et les autres sont capables, et où se situent leurs limites. Les enfants apprennent que les sentiers sont plus ou moins exigeants en fonction des conditions météorologiques, par exemple que la pluie ou la rosée peut rendre le sol glissant. Ils se rendent compte que la randonnée n'est pas terminée au sommet, que la descente nécessite de nouveau énormément d'attention et d'énergie. Les parents découvrent si leurs enfants sont sujets ou non au vertige. Ils apprennent aussi à réagir quand leurs enfants sont saisis de vertige en montagne ou s'ils prennent peur. Et peut-être, ces mêmes parents se demandent-ils comment ils réagiraient eux-mêmes s'ils avaient soudain peur.

Il convient donc de ne pas en demander trop aux enfants. Et de se montrer patient. Concrètement : commencez par des randonnées courtes balisées en jaune, peu exigeantes, puis peu à peu augmentez le niveau et programmez des randonnées plus difficiles. Je vous conseille aussi, pour commencer, de n'emmener qu'un seul enfant en randonnée. Ainsi, vous pourrez mieux vous occuper de lui et mieux évaluer ce qu'il est en mesure de faire. Cette familiarisation à la randonnée de montagne peut aussi s'étaler sur plusieurs saisons. Les échecs sont permis : aucune maman ni aucun papa ne doit s'en vouloir ou avoir honte d'interrompre une randonnée si ce jour-là l'enfant n'était pas en forme suffisante ou si l'organisation n'a pas été optimale. Vous avez le droit aussi sur le terrain de changer le parcours et d'opter pour un chemin plus facile – idéalement, ces itinéraires alternatifs auront été identifiés à l'avance, lors de la phase de préparation.

Plus les enfants sont âgés, plus les parents peuvent accroître le niveau d'exigence et les responsabiliser afin de les préparer physiquement et mentalement à une longue randonnée ou à l'ascension d'un sommet. En lieu et place d'un sommet, il est tout à fait possible d'envisager un sentier de randonnée alpine blanc-bleu-blanc, plus facile, qui reste néanmoins plus exigeant qu'un sentier de randonnée en montagne. Ces sentiers de randonnée alpine peuvent mener à travers des champs de neige, des glaciers ou des éboulis, et comporter de courtes portions d'escalade. Ils peuvent parfois être partiellement non marqués. Je recommande plutôt d'éviter ces sentiers-là, ou au minimum d'effectuer une reconnaissance sans les enfants afin de savoir ce qui vous attend.

Alors, quel sommet est-il le mieux adapté à une randonnée familiale ? Le Vilan dans le canton des Grisons a été notre premier sommet, et il convient bien aux enfants expérimentés. L'Älplibahn Malans, c'est-à-dire le téléphérique, permet déjà « d'avaler » une grande partie du dénivelé. Ensuite, il reste à peine deux heures de marche jusqu'au sommet, ce qui est tout à fait faisable pour des enfants expérimentés à partir de 8 ans. Le sentier de randonnée alpine du Vilan est exigeant, mais pas trop. Quant au sommet, il n'est pas trop exposé : en haut, la famille peut profiter pleinement du moment sans craindre qu'un enfant tombe et dégringole en courant. Enfin, la descente n'est ni dangereuse ni trop abrupte.

En collaboration avec les organismes cantonaux des sentiers de randonnée, j'ai établi une liste des sommets suisses adaptés aux familles. C'est là que je puise mon inspiration lorsque je veux trouver un nouveau sommet pour nous. La liste est disponible sur la plateforme de services de Rando Suisse, à l'adresse suivante : suisse-rando.ch/fr/magazine/gravir-des-sommets-avec-les-enfants

Nuit en cabane : plus de temps pour nous

C'est un des moments dont je me souviendrai probablement toute ma vie. Nous nous trouvons dans la Seewenhütte dans la vallée de Meien, le soir est tombé et les hôtes se retirent peu à peu. Après le dîner, le Prince des bois, alors âgé de 2 ans, a charmé tout son monde, se retrouvant dans la cuisine sous l'œil vigilant de tout le personnel qui m'autorise à l'y laisser, ce qui me permet de coucher tranquillement les deux aînés. Peu après 22 heures, le calme règne dans notre chambre, et je retourne à la cuisine, où je retrouve le Prince des bois encore bien éveillé et d'humeur joyeuse. Il a réussi je ne sais comment à ouvrir le placard. Le sol est jonché de casseroles. Le Prince des bois est assis au milieu, les joues rouges, une louche à la main, radieux. Et tout le monde autour de lui s'extasie. Moi le premier.

Les nuits en cabane sont pour les enfants des moments forts, que nous, adultes, pouvons organiser avec peu d'efforts et de créativité, excepté l'effort financier : avec la nourriture et la boisson, la nuitée pour une famille de cinq s'élève à un montant avec lequel, dans la vallée, nous pourrions facilement loger en hôtel. Raison pour laquelle, aussi, une nuit en cabane constitue pour nous un moment unique et très attendu de notre année de randonnée.

Pour moi cependant, le plus grand avantage d'une nuit en cabane est que cela nous permet d'avoir plus de temps à passer dehors ensemble, à jouer, vivre des expériences, quand les autres doivent déjà penser à redescendre. Profiter du coucher de soleil, puis s'émerveiller ensuite du ciel étoilé, en espérant qu'il soit clair et dégagé, avant de gagner le dortoir où, espérons-le, nous n'aurons pas à supporter trop de ronfleurs.

Le Bächlitalhütte, dans le canton de Berne, est notre cabane préférée. Elle nous ramène, ma femme et moi, dans le passé et nos enfants dans un immense terrain de jeu. Quand le temps est radieux, la plaine alluviale est un petit paradis, qui nous rappelle le Salar d'Uyuni, un désert de sel situé en Bolivie entouré de lagunes colorées, que nous avons parcouru sac au dos il y a plus de dix ans. Une grande étendue de sable blanc se déploie devant nous, zébrée de larges ruisseaux blancs. Il ne manque que les flamants roses pour se croire en Amérique du Sud. Cependant, les imposantes montagnes du massif du Grimsel entourant la plaine nous rappellent sans ambiguïté que nous sommes bien en Suisse : pics et crêtes escarpés, énormes parois rocheuses couvertes de lichens jaunes, larges champs d'éboulis. Loin derrière, la Bächlitalhütte trône sur son arête rocheuse.

Immédiatement, la Fée enchantée et le Roi des lutins retirent leurs chaussures de randonnée, remontent leurs pantalons, attachent leurs chaussures par leurs lacets avant de les placer sur leurs épaules. D'un pas prudent, ils s'avancent dans l'eau. Le niveau est-il suffisamment bas pour qu'ils ne mouillent pas leurs pantalons ? Ah, ce n'est pas si facile de garder son équilibre quand les pieds s'enfoncent dans le sable meuble jusqu'aux chevilles. Ma femme et moi les imitons, et je porte le Prince des bois jusqu'à un long rocher où nous pique-niquons. Ou, plus exactement, où nous avalons quelque chose en crapahutant.

Le reste de la journée coule de source. Les enfants construisent des petits barrages, grimpent sur les rochers, cherchent des « pierres précieuses », font des petits personnages en pierre, pataugent dans le sable boueux. Un peu plus loin, nous découvrons un autre petit paradis : une grande étendue moussue, de couleur vert-brun-orange vif, parsemée de petits lichens rouge vif et de brins d'herbe. De cette mer de mousse émergent des rochers blancs. De la linaigrette se balance doucement dans le vent. Tout autour, de petits ruisseaux gargouillent, laissant échapper à leur surface des bulles d'air. De l'eau s'écoule lentement d'un tas de neige résiduelle ayant résisté à l'été sous un champ d'éboulis. Nous nous émerveillons du spectacle qui est sous nos yeux.

Cela n'étonnera personne : nous sommes les derniers à entreprendre l'ascension finale jusqu'à la cabane. Auparavant, celle menant du lac de barrage Räterichsbodensee jusqu'à la plaine alluviale a été éprouvante pour les enfants. Certes, il y a des escaliers presque tout le long, mais pour des enfants petits, les marches sont plutôt hautes. Il n'est donc pas étonnant que le Prince des bois abandonne lors de ces deux ascensions et que je me retrouve, en sueur et haletant, à devoir le porter. C'est le prix à payer pour tout ce temps dont nous profitons dans la plaine alluviale.

La cabane est bondée. Pas étonnant, par ce magnifique temps d'automne. La demande est tellement forte que le responsable aurait pu louer deux fois chaque lit. Nous prenons les choses de façon détendue, même si nous aurions aimé une ambiance un peu plus tranquille. Durant le repas, nous discutons de ce que nous allons faire le lendemain, un dimanche. Nul besoin de réfléchir trop longtemps : retourner sur la plaine alluviale. J'ai même du mal à convaincre ma petite famille de faire un détour par les lacs idylliques à proximité de la cabane. En revanche, impossible de les motiver pour aller jusqu'au glacier un peu plus loin.

Le lendemain, nous allons donc voir les petits lacs de montagne. Bien sûr, nous faisons les choses comme il faut et nous n'hésitons pas à nous tremper dans l'eau glacée. D'abord les enfants, puis finalement moi aussi. Mais les enfants ne sont pas disposés à passer trop de temps ici. Après avoir un peu crapahuté sur les rochers autour des lacs, nous commençons la descente, par le même chemin que la montée. Nous traversons la plaine et nous retrouvons de nouveau dans notre petite Bolivie.

Le deuxième jour aussi, nous sommes parmi les derniers à lever le camp. La descente nous apporte d'abord de nombreuses myrtilles, dont les feuilles rouge vif contrastent joliment avec le gris des montagnes, ainsi que de nombreuses baies sucrées. Dans le premier creux du terrain, une famille de marmottes prend congé de nous – et ce faisant nous fait quitter définitivement l'Amérique du Sud pour nous ramener en Suisse.

Un circuit long : sentir de tout près le glacier d'Aletsch

Parfois, des randonnées longues sont plus faciles que des courtes. C'est le cas pour nous ce week-end-là dans la région d'Aletsch, dans le canton du Valais. Lors de la courte randonnée du premier jour, depuis la gare d'arrivée du téléphérique jusqu'au Eggishorn, mes enfants manquent de motivation, sont à fleur de peau et renfrognés. Peu leur importe aussi que nous voyions enfin le glacier d'Aletsch par beau temps, sans brouillard ni neige. Déjà sur la plateforme d'observation pour les touristes à la gare d'arrivée du téléphérique, les enfants semblent d'humeur paresseuse, du genre : d'accord, on jette un bref coup d'œil au glacier, puis on redescend. Mais on n'en a pas non plus franchement envie.

Je dois donc faire preuve d'une patience considérable pour motiver les enfants à se mettre en route. La Fée enchantée est complètement crevée, car le réveil du Roi des lutins a sonné par erreur ce matin à 5 heures. Quant au Prince des bois, au bout de quelques minutes à peine, il demande déjà que je le porte sur mes épaules.

Le sentier qui nous conduit entre les rochers et les plaques est certes court, mais pas facile. Il exige de la concentration et d'effort. Severin Nowacki, le photographe chargé d'illustrer le magazine, nous accompagne. Il nous arrête de temps à autre pour prendre des photos, ce qui amuse les enfants au début, mais met rapidement leur patience à rude épreuve, malgré, entretemps, des recherches d'oursons en gélatine.

Au bout du compte, arrive ce qui devait arriver : la Fée enchantée qui avance d'un bon pas est contrainte de s'arrêter, sur ma demande. Au début, je ne comprends pas ce qui la contrarie, et j'essaie de la motiver en lui parlant de la photo que nous prendrons au sommet. Dans un virage serré, elle s'immobilise complètement, s'assied, croisant les bras sur sa poitrine d'un air de défi. Elle m'explique alors qu'elle est contrariée par ces interruptions incessantes. Elle est disposée à reprendre la randonnée si et seulement si je lui promets que nous ne nous arrêterons plus jusqu'au sommet. Désolé, Severin, nous devons grimper jusqu'au sommet et n'avons plus le temps de poser pour des photos. Désolé, oursons en gélatine, mais nous vous mangerons seulement quand nous serons arrivés là-haut. La Fée enchantée se remet alors en route, et très vite, nous sommes en haut. Son podomètre, reçu en cadeau pour son anniversaire, indique 12 180 pas.

Le glacier d'Aletsch, très impressionnant, s'étend dans toute sa longueur devant nous. Et même si nous ne sommes pas seuls au sommet et que cette randonnée n'a rien d'un endroit secret, nous savourons le moment, admiratifs de ce géant blanc devant nous, dont les indices de la taille d'origine sont encore bien visibles sur les moraines latérales. Le changement climatique observé en quasi temps réel, en pleine nature : la Fée enchantée et le Roi des lutins, qui à leur âge ont déjà entendu parler du changement climatique, en sont profondément impressionnés.

Le thème est maintenant lancé pour notre deuxième randonnée du lendemain. C'est une randonnée en montagne exigeante, celle pour laquelle nous sommes venus. De nouveau, nous repartons pour Eggishorn, descendons à pied en suivant des virages serrés jusqu'au lac Tällisee, presque asséché, puis jusqu'au gîte Gletscherstube. Une portion ardue et abrupte que le Prince des bois, du haut de ses presque 5 ans, n'est pas le dernier à maîtriser. Nous ajoutons même le bout de trajet jusqu'au lac de Märjelen, en passant devant le restaurant de montagne et sa terrasse entièrement occupée. D'accord, je l'avoue : ma femme en passant leur a demandé s'ils servaient des glaces, et nous promettons aux enfants de nous y arrêter sur le trajet du retour.

Après le pique-nique sur la rive du lac et une baignade très rafraîchissante, nous descendons vers une cavité latérale du glacier d'Aletsch. Au pied de ce dernier, nous sommes de nouveau très impressionnés par le géant de glace. Un courant d'air nous donne froid. À l'entrée de la grotte, nous regardons d'abord la rivière qui se jette dans le glacier, avant de lever les yeux vers l'endroit où la glace s'arrête. Dans ce type de situation, veillez toujours bien à ne pas être trop près, pour ne pas risquer d'être frappés par une pierre ou un morceau de glace susceptible de se détacher du bord du glacier.

En dépit de la fonte des glaciers, les masses de glace sont encore énormes, et je me réjouis du privilège que j'ai de pouvoir montrer un glacier de près à mes enfants. Qui sait, si le Roi des lutins, la Fée enchantée et le Prince des bois pourront encore en faire autant avec leurs propres enfants ?

Cependant, les enfants n'ont pas très envie de s'attarder, ils n'ont pas conscience du cours des pensées paternelles. Nous rebroussons chemin, marchons jusqu'au restaurant où nous savourons nos glaces que nous laissons fondre délicieusement dans nos bouches sans penser au climat mondial.

Le chemin du retour passe par un tunnel d'un kilomètre. Pendant un quart d'heure, nous marchons dans l'obscurité du tunnel qui alimente encore aujourd'hui en eau douce les villages de l'autre côté.

Puis la randonnée continue jusqu'à Fiescheralp. Les fortes impressions laissées par le glacier continuent de produire leur effet, car les enfants marchent sans problème, même sur le large chemin naturel quelque peu ennuyeux. La veille, encore, lors de la courte ascension de l'Eggishorn, les choses s'annonçaient tout autre.

Le sommet d'hiver : à pied jusqu'au Faulhorn – pas pour les paresseux

Bien que nous soyons en hiver, une randonnée comprenant l'ascension d'un sommet est au programme pour clôturer la saison : le Faulhorn, près de Grindelwald dans l'Oberland bernois. Pourtant, il y a de cela deux week-ends, la dernière randonnée hivernale sur le lac gelé d'Oeschinen incitait à clôturer la saison hivernale plutôt le jour même que le lendemain : trois enfants, soit allongés par terre totalement démotivés, soit implorant de rentrer au plus vite à la maison. Leurs batteries étaient à plat, ils en avaient assez de l'hiver. Mais depuis lors, malgré la chaleur du soleil printanier, l'envie d'une randonnée hivernale s'est de nouveau éveillée en moi. Quand en bas les fleurs commencent déjà à fleurir, il est encore possible en haut de marcher dans la neige. La veste épaisse dans le sac à dos, vêtu seulement d'une chemise à manches longues, les lunettes de soleil sur le nez.

Nous sommes jeudi matin, et peu de travail m'attend au bureau. Je décide de dispenser d'école le Roi des lutins le lendemain pour une demi-journée et de faire avec lui l'ascension du Faulhorn. Je lui demande bien sûr préalablement s'il en a envie. C'est le cas ; très bien, j'organise tout.

Puis la Fée enchantée a vent de nos plans. Je lui explique qu'il faut prévoir pour cette randonnée deux heures et demie pour les adultes, donc le double pour les enfants, qu'il y a 570 mètres de dénivelé et 5,5 kilomètres à parcourir, et que je n'ai l'intention de prendre la luge que pour le sac à dos et la descente finale. Autant d'arguments qui, selon moi, devraient tempérer l'envie de la Fée enchantée.

Mais la fillette me regarde avec ses yeux bruns si tristes... En même temps, elle m'explique d'un ton si convaincu qu'elle peut y arriver, que, stupéfait, je me demande pourquoi j'ai pu penser le contraire. Bien sûr, je suis flatté qu'elle ait autant envie de venir. Je suis donc d'accord de l'emmener avec moi, ce dont j'en informe aussi son institutrice (« Je vous prie de m'excuser de vous écrire ainsi à la dernière minute, mais je voudrais vous demander si... »).

Le lendemain matin à 10 heures, nous arrivons à la gare du téléphérique de First, nous mêlant au flot des touristes et des skieurs. Pendant le trajet, nous nous trouvons sur le chemin dénommé First Cliff Walk ; dès lors, me dis-je alors, pourquoi ne pas jeter un coup d'œil rapide aux attractions, pendant que nous y sommes ? Les deux enfants semblent un peu perdus sur la passerelle métallique surplombant un rocher. Sur leur visage, je lis la question suivante : qu'est-ce qu'on fait ici, papa ? Je suis forcé de sourire, car je me dis exactement la même chose. Nous faisons immédiatement demi-tour.

Au début, deux montées abruptes, exigeantes pour moi aussi, nous donnent un avant-goût de ce qui nous attend. Nous passons devant la dernière auberge du circuit, l'Adis Skibar Oberjoch. Maintenant, le chemin est surtout légèrement ascendant, mais parfois légèrement descendant en direction du Faulhorn, et le sommet est visible très vite. Les enfants tiennent bien le rythme, et je savoure ce moment à trois. Je constate par la même occasion que la randonnée à trois rythmes différents est un peu plus facile qu'à quatre, quand le Prince des bois est aussi de la partie.

Les premières boules de neige volent. La Fée enchantée tire la luge et monte dessus dès que le chemin descend un peu. Bientôt pourtant, ces occasions ne se présentent plus, et je me retrouve de nouveau à devoir la tirer. Sur une hauteur sans neige, nous nous arrêtons pour manger et nous reposer, et les boules de neige volent de nouveau. Au lac de Bachalp couvert de neige, l'ascension commence véritablement. La Fée enchantée tient bon, même si des signes de fatigue sont perceptibles. Je les accueille avec des sucreries, ce qui, d'un point de vue pédagogique, est totalement pertinent. En plus, ça marche !

Mais l'ascension est longue et très éprouvante sur le plan de l'énergie. Le Roi des lutins s'efforce de la tromper avec un problème de maths qu'il a dernièrement résolu à l'école. Dans un virage serré, il est tenté, avec la Fée enchantée, de prendre le raccourci abrupt dans la neige profonde, tandis que je continue à suivre le chemin en tirant la luge. En théorie, nous devrions tous nous retrouver en haut en même temps, fait-il valoir. Seulement, il n'a pas compté avec le regain de motivation et d'énergie de la Fée enchantée. Mais dans un sens, il a raison. Tandis que la Fée enchantée, totalement vidée, se repose au sommet, je parcours tranquillement les derniers mètres pour la rejoindre.

Malheureusement, ce calcul s'est avéré très coûteux en énergie. Nous devons faire preuve d'imagination. De nouveau, le Roi des lutins cherche dans son sac à malices et dessine des arrêts de bus dans la neige. Nous risquons d'attendre en vain le bus, c'est sûr ! Mais c'est amusant, et bientôt nous parvenons à Gassenboden. De ce sommet, un sentier court mais abrupt conduit jusqu'à l'auberge de montagne Faulhorn. Je remarque les volets fermés avant de promettre une glace. Mais la Fée enchantée se désintéresse totalement de l'ascension finale. Peu avant le sommet, elle est prête à abandonner – elle le pense sérieusement. Elle n'a plus d'énergie, elle a une ampoule au talon : soudain, le monde entier est noir.

J'essaie de faire vibrer la corde de l'honneur : elle ne peut quand même pas manquer la photo au sommet ? Elle s'en fiche, répond-elle sans équivoque. J'ai recours à l'arme ultime : je lui promets cinq gorgées de mon coca du sommet. Cela marche tout de suite, et peu de temps après, nous nous retrouvons tout en haut, où nous nous occupons d'abord de l'ampoule au talon avant de boire le coca. Vient ensuite la photo au sommet, et avant même que j'aie eu le temps d'observer de plus près une montagne, le Roi des lutins veut déjà rebrousser chemin pour rentrer. Quand on fait de la randonnée avec des enfants, on ne s'ennuie jamais.

Le reste est vite passé et aussi vite raconté. La première pente abrupte, les enfants la descendent sur les fesses. Puis nous nous installons sur la luge. Le trajet jusqu'à Bussalp est agréable : jamais trop abrupt, mais jamais trop plat non plus, de sorte que nous n'avons jamais à marcher trop longtemps. En bas, nous constatons que la saison d'hiver tire vraiment à sa fin : les deux enfants ont des chaussettes et des chaussures totalement trempées, car leurs pantalons de ski sont devenus trop courts, si bien que, lors des manœuvres de freinage, de la neige a largement éclaboussé les chaussures. Heureusement, il fait chaud dans le car postal et dans le train. Nous nous détendons dans l'atmosphère printanière.

Le sommet comme point culminant de la saison : même le papa randonneur finit par comprendre !

Six bons mois plus tard, la saison des randonnées d'été touche elle-même à sa fin. De nouveau, nous n'avons pas chômé, et notamment accompli l'ascension de quelques sommets. Pour terminer en beauté, nous voulons tenter l'ascension d'un ultime sommet mi-octobre. « Tenter », car comme l'hiver dernier, je constate une fatigue certaine chez les enfants. L'été et l'automne, avec leur temps clément, exigent beaucoup en termes d'énergie chez une famille active. Alors l'envie est grande de rester simplement à la maison, de jouer, faire du bricolage, lire, paresser (ou encore de ranger de fond en comble la chambre des enfants). Telles sont les forces et les envies en présence, entre enthousiasme et fatigue, quand le papa randonneur arrive avec une nouvelle idée de randonnée. Cette fois-ci, nous irons à Grächen, en Valais, pour l'ascension du Wannehorn. À peine en route, les enfants ne se privent pas d'afficher déjà des mines renfrognées. Avec un certain plaisir, suis-je presque tenté d'écrire.

Nous prenons la télécabine des contes pour faire l'ascension du Hannigalp. À la demande des deux garçons, mais contre la volonté de la Fée enchantée, nous montons dans une télécabine dans laquelle on nous raconte le conte du Chat botté pendant le trajet. À l'arrivée, la Fée enchantée s'assoit au bord du chemin et refuse tout en bloc. Son genou gauche, où elle s'était fait une élongation lors d'une quasi-chute six semaines plus tôt environ, lui fait soudain de nouveau très mal, et elle boite, incapable de tendre la jambe. Alors même que, la veille, elle gambadait en montagne comme une biche lors d'une randonnée le long d'un canal d'irrigation.

Bien sûr, il y a de quoi ne pas tout trouver génial : au début, la randonnée grimpe en pente abrupte et suit deux remontées mécaniques. Tout autour, des installations de ski. Certes, on pourrait mieux faire comme cadre de randonnée pour des enfants. Quoi qu'il en soit, ma fille a adopté une posture de défi, dont elle aura d'autant plus de mal à sortir qu'elle y restera longtemps. Après une bonne discussion, un appel à la raison, des exhortations un peu plus vives et quelques oursons en gélatine, nous ne sommes pas plus avancés. Alors nous la laissons là où elle est. D'autant plus que les deux garçons sont très motivés et marchent comme s'ils étaient tout seuls.

Puis soudain, j'ai un déclic et je me souviens de la randonnée de la Planalp. De son refus d'avancer au niveau de la voie ferrée. De notre rituel père-fille. Je retourne vers elle et lui propose de la porter. Sur une centaine de mètres seulement. Reconnaissante, elle accepte ma proposition, la goutte d'eau qui lui permet de sortir de sa détresse et de son enfermement. Nous rejoignons le reste de la famille qui nous attend. La Fée enchantée est soulagée. Ensemble, nous grimpons, elle et moi, le sentier escarpé jusqu'au Chleini Furgge. Elle marche de mieux en mieux et se met même à bavarder.

Sur le Furgge, nous faisons une pause pour profiter de la vue déjà époustouflante. La Fée enchantée sort son appareil photo, les garçons s'installent confortablement sur les transats en bois qui se trouvent là, comme si l'étape du jour avait été atteinte. Nous repartons, et maintenant c'est au tour du Prince de lumière de refuser d'avancer. Il se plaint d'être troooop fatigué. Le calcul est bien pensé : après la grande sœur, c'est à son tour de vouloir être porté par papa. Qu'à cela ne tienne : je lui accorde cette faveur et le porte sur une centaine de mètres. Il est content, et plus du tout fatigué ensuite.

C'est maintenant au tour du Roi des lutins de quémander de l'attention. L'occasion se présente bientôt, lorsque je décide que nous n'allons pas prendre le chemin de crête exposé qui grimpe le long du Wannehorn, mais le chemin plus large qui, en hiver, est une piste de ski. Mais cette décision n'est pas du tout du goût du garçon de 12 ans qui préférerait le chemin de crête. Il en veut à toute la famille et trouve débile de devoir faire des compromis. Furax, il se met en route et nous laisse bientôt derrière lui. Par chance, le chemin ne présente aucun danger ; le garçon ne court pas le risque de se perdre.

Je suis soulagé. Maintenant, tous les trois ont reçu la dose d'attention qu'ils voulaient – bien que je n'aie pas eu à porter l'aîné –, et nous pouvons retourner aux affaires banales. Le Prince des bois et la Fée enchantée, concentrés, ramassent des pierres. Depuis une demi-heure, ils grimpent en traînant derrière eux une pierre d'un kilo, sans compter des douzaines de pierres de plus petite taille. Ils débattent de chaque pierre comme des experts, décidant pour chacune d'elles si elle vaut la peine d'être ramassée ou non.

Après notre pique-nique, les deux aînés décident de faire avec moi l'ascension du sommet. Le Prince des bois et la maman gagnent la station du téléphérique – la maman qui est « autorisée » à porter la belle et lourde pierre ainsi que la collection de plus petites dans son sac à dos jusque dans la vallée. Très chère maman randonneuse !

Nous pouvons enfin quitter la piste et gravir par des chemins étroits les 180 mètres de dénivelé restants. Maintenant, le Roi des lutins peut véritablement marcher très vite. La Fée enchantée n'est pas en reste. Depuis la crête de Chuchiwang, ils comptent les marquages des sentiers, et en cinq minutes, ils ont comptabilisé plus de cinquante marquages blanc-rouge-blanc. Se perdre ici, c'est quasiment impossible !

Au sommet, toutes les difficultés de la randonnée sont oubliées. Enfin en haut ! Nous nous faisons prendre en photo par d'autres randonneurs sur le plus haut rocher. Les enfants sont si motivés qu'ils décident de renoncer au retour en télécabine (et au deuxième conte de fées imposé) et d'effectuer à pied la descente jusqu'à Grächen. J'en suis honoré. Comblé, je leur emboîte le pas.

La Fée enchantée n'a plus du tout mal au genou ; quant au Roi des lutins, il a son compte de défis. Après des résistances initiales, cette randonnée s'avère être un succès.

Mais j'ai compris le message de mes enfants. Randonner apporte beaucoup de plaisir, mais c'est terminé pour le moment. Pause hivernale. Les dernières randonnées automnales qui, espérons-le, pourront se faire jusqu'à début novembre, le papa randonneur les entreprendra seul.

Message reçu cinq sur cinq, mes enfants.

ANTISÈCHES

IMPRESSIONNER LES ENFANTS

Lorsque les parents randonnent avec leurs enfants, ils aiment leur donner des informations sur la région. Mais d'où viennent leurs connaissances sur la formation des gouffres, la couleur du lac ou les compétences de survie des lichens ? Merci les antisèches : les parents peuvent les étudier brièvement avant la randonnée, au petit déjeuner ou pendant le trajet en train. Dix minutes suffisent pour glaner suffisamment d'informations pour impressionner vos enfants avec des faits amusants et des connaissances solides.

Vous trouverez une antisèche pour chacune des randonnées proposées dans ce livre. Les suggestions de randonnées sont également accessibles en ligne sur la plateforme de service de Suisse Rando suisse-rando.ch/antiseches – chacune avec le numéro à quatre chiffres figurant sur l'antisèche.

ANTISÈCHES

LES LACS – TOUT SAVOIR SUR LEURS BELLES COULEURS

Où utiliser cette antisèche ?

Partout où il y a des lacs, par exemple lors de la randonnée Planalp – Brienz, dans le canton de Berne (chapitre IX, suggestion de randonnée 1841).

Les enfants, saviez-vous que...

... les lacs peuvent changer de couleur plusieurs fois par jour ?
... les lacs bleus ont l'eau la plus claire ?
... sans soleil, tous les lacs seraient gris ?
... qu'il existe même des lacs rose vif en Australie ?

Si vos enfants vous posent une colle

Cinq facteurs influençant la couleur des lacs :

1. La réflexion de la lumière sur la surface de l'eau.
2. La diffusion de la lumière sur les algues, les minéraux et les particules de poussière flottant dans l'eau.
3. La réflexion de la lumière dans le fond du lac.
4. La profondeur du lac.
5. Le moment de la journée.

Les lacs **verts** tirent leur couleur des algues.
La couleur **vert Caraïbes** est produite par la réflexion de la lumière dans des eaux claires et peu profondes sur de minuscules paillettes de mica ou d'autres minéraux.
Le lac apparaît **bleu** quand, dans une eau claire sans matière en suspension, les molécules d'eau réfléchissent la lumière, et en l'occurrence le rayonnement bleu.
Le lac apparaît **brun** quand des matières en suspension dans l'eau absorbent le rayonnement bleu de la lumière.
Les lacs **sombres** sont profonds : la lumière du soleil pénètre en profondeur et n'est pas réfléchie par le fond du lac.
Les lacs **roses** ont généralement une teneur en sel particulièrement élevée. Ou alors, cette couleur provient des algues et des artémies (petits crustacés) qui produisent des pigments organiques colorant le lac – les mêmes qui donnent leur couleur aux flamants roses.

LE JURA –
DE LA MER PROFONDE À LA MONTAGNE

Où utiliser cette antisèche ?

Dans le Jura, par exemple lors de la randonnée Noirmont – Gorges de l'Areuse - Neuchâtel, canton de Neuchâtel
(suggestion de randonnée 1143).

Les enfants, saviez-vous que...

... là où se trouve aujourd'hui le Jura existait, il y a 160 à 140 millions d'années, une mer immense ?
... dans laquelle vivaient des reptiles marins, des requins et des crocodiles gigantesques ?
... que lors du plissement du Jura, des fleuves se sont littéralement engouffrés dans les chaînes de montagnes émergentes ?

Si vos enfants vous posent une colle

Trois phases successives ont donné leur apparence actuelle aux montagnes du Jura :

Il y a 160 à 140 millions d'années : dans la mer de la période jurassique (Malm), des sédiments se déposent qui, au fil du temps, forment des couches de calcaire et de marne.

Les **reptiles marins** (ichtyosaures) mesuraient jusqu'à 25 mètres de long, soit donc à peu près la taille d'une baleine bleue. Leur corps ressemblait à celui des dauphins actuels ; en outre, ils avaient un museau en forme de bec et de nombreuses petites dents pointues. Il existait environ 80 espèces différentes de reptiles marins.

Il y a 10 millions d'années : le plissement se produit ; le Jura plissé se forme.

Depuis le début du plissement : le plissement et l'érosion des fleuves maintiennent l'équilibre, des gorges et des vallées se forment, ainsi que différents types de terrains.

Vallée en V/vallée fluviale : une rivière a « mangé » la roche, entraînant un glissement des pentes latérales.

Vallée en U/vallée glaciaire : un glacier a formé la vallée.

Gorge : vallée étroite, délimitée des deux côtés par des parois abruptes. Une vallée en V dont les pentes latérales ont subsisté.

Cluse : vallée transversale dans une chaîne de montagnes, formée en même temps que le plissement de cette dernière. Une rivière traversante « mord » la montagne, comme par exemple l'Areuse, qui prend sa source dans la cluse de Saint-Sulpice.

ANTISÈCHES

DOLINES ET GROTTES – DES CAVITÉS PRODUITES PAR L'ÉROSION

Où utiliser cette antisèche ?

Dans le Jura, par exemple lors de la randonnée facile Môtiers – Cascade de Môtiers – Môtiers, dans le canton de Neuchâtel (chapitre III, suggestion de randonnée 1847).

Les enfants, saviez-vous que…

… dans le Jura, les ruisseaux disparaissent ou réapparaissent soudain ?
… il existe, caché dans le sol, tout un réseau de voies navigables ?
… dans le Jura, le sol peut s'effondrer sous le poids d'une vache ?

Si vos enfants vous posent une colle

Les grottes

Au fil du temps, l'eau de pluie légèrement acide dissout le calcaire, creusant des grottes et formant des lacs ou des rivières souterrains. L'érosion provoque la formation de fissures dans lesquelles l'eau s'infiltre, de sorte que le sol du Jura est très sec.

Gouffres et sources karstiques

Une grande partie du réseau hydrographique est souterraine, raison pour laquelle les cours d'eau apparaissent et disparaissent de façon soudaine. L'eau s'infiltre en surface, disparaît au pied d'une doline ou dans un gouffre. Lorsqu'elle réapparaît, elle forme une source karstique, par exemple une cuvette, un entonnoir ou encore un trou dans la paroi rocheuse. Une source karstique constitue souvent la fin d'un réseau de grottes.

La quantité d'eau est très variable et dépend des précipitations ou de la fonte des neiges.

Les dolines

Si l'eau érode le calcaire en surface, celle-ci, avec le temps, s'enfonce alors (doline de dissolution) ou s'effondre soudain sous la pression, par exemple sous le poids d'une vache (doline d'effondrement). Les dolines sont disposées en ligne lorsqu'une fissure passe en dessous.

Les abris creusés dans la roche

Dans les zones calcaires, on trouve souvent des abris creusés dans la roche qui se sont formés au fil du temps par l'alternance des phases de gel et de rosée. La roche s'est donc dissoute différemment. Le creusement est généralement plus prononcé au pied de la paroi rocheuse, où il fait particulièrement froid et humide. Il existe de très beaux abris creusés dans la roche notamment dans le Val-de-Travers (Corridor aux Loups) et au-dessous du Doubs près du Noirmont (Blanche-Église).

LE GRÈS – MINÉRAL FANTASTIQUE NÉ DU VENT ET DES ÉLÉMENTS

Où utiliser cette antisèche ?

Partout où il y a eu pendant la préhistoire des mers ou des rivières, par exemple lors de la randonnée Krauchthal – Fluebabi – Éléphant – Krauchthal, canton de Berne (chapitre VIII, suggestion de randonnée 1425).

Les enfants, saviez-vous que...

... le grès respire ?
... le grès s'est formé il y a des millions d'années ?
... certaines roches que vous voyez pendant une randonnée proviennent des profondeurs de la Terre ?

Si vos enfants vous posent une colle

Le grès respire

Le grès absorbe de grandes quantités d'eau ; la pierre est presque toujours humide. Or, cette humidité doit pouvoir s'échapper. Si le grès est recouvert d'une peinture qui ne respire pas, celle-ci s'efface au bout de quelques années, car elle commence à pourrir.

La formation de Fluebabi et de l'Éléphant

On ne sait pas exactement comment se sont formés les personnages de grès près de Krauchthal. Les chercheurs évoquent différentes conditions de tension dans la roche. Certaines parties de la roche résistent plus longtemps que d'autres à l'érosion causée par le vent, l'eau, le gel et le sel. Les fissures et le soleil influencent aussi la roche. Il en résulte des colonnes et des arcs.

La formation des pierres – un peu de géologie :

Minéraux et roches :

Les minéraux : ce sont des substances chimiquement homogènes qui se sont formées par cristallisation lors d'un lent refroidissement. L'or, l'argent et le soufre sont des minéraux. Tout comme le sel de cuisine et la glace.

Les cristaux ne sont constitués que d'un seul minéral. Les gros cristaux sont très rares, mais suscitent un très grand intérêt en raison de leurs couleurs magnifiques.

Les roches : ce sont des formations composées de plusieurs minéraux. Elles sont très courantes.

Les roches sédimentaires (sédiments) : le grès se forme par l'agrégation de sable et d'autres particules comme l'argile, le limon ou des éboulis sous la pression des roches sus-jacentes (pour le poudingue ou conglomérat, il s'agit de pierres plus grosses ; pour la marne, il s'agit de particules d'argile, de boue et de calcaire). Le sable est déposé par les rivières ou le vent. Le grès peut se former en quelques décennies... ou en plusieurs millions d'années.

Les roches ignées (magmatiques) : elles se forment lors de la solidification du magma liquide. Certaines, comme le granit, se solidifient en profondeur sous la surface de la Terre ; d'autres dans des chambres souterraines ou dans des volcans. D'autres encore se solidifient à la surface de la Terre (roches effusives volcaniques).

Les roches transformées (métamorphiques) : sous la surface de la Terre, en profondeur, les roches se transforment sous l'effet de la pression et de la température élevée, prenant des formes nouvelles. Ainsi, le granit se transforme en gneiss, le grès en quartzite, le calcaire en marbre.

LES BISSES – DES SYSTÈMES HYDRAULIQUES SOPHISTIQUÉS

Où utiliser cette antisèche ?

En Valais, par exemple lors de la randonnée Grächen – Eggeri – Gletschertor – Gasenried – Grächen, (chapitre III, suggestion de randonnée 1649).

Les enfants, saviez-vous que...

... le bisse d'Ayent est représenté sur le billet de 100 francs suisses ?
... vous êtes considéré comme un voleur si vous détournez l'eau des bisses ?
... la flore est particulièrement riche autour des bisses ?

Si vos enfants vous posent une colle

Pourquoi y a-t-il des canaux d'irrigation en Valais ?

Comme il est entouré de montagnes, le Valais n'est pratiquement pas touché par les nuages de pluie. Ceux-ci se forment à l'extérieur des montagnes, se refroidissent, et s'il pleut autour du Valais, le canton lui-même reste généralement sec. Comme les sols n'emmagasinent pratiquement pas d'eau, les agriculteurs dépendent du transport de l'eau depuis les glaciers ou les torrents éloignés vers leurs champs. Ce transport de l'eau est assuré par les bisses, c'est-à-dire les canaux d'irrigation, situés pour la plupart sur le côté nord de la vallée du Rhône, là où l'ensoleillement est plus direct et plus fort, ce qui rend la région plus sèche encore.

Des règles essentielles

De par l'importance cruciale des bisses, de nombreuses règles ont été établies. Tout d'abord, l'eau a été répartie entre tous les propriétaires du bisse (dénommés « diviseurs »), parfois en nombre d'heures. Plus un propriétaire a d'actions, plus il paie ou plus il doit travailler. Les parts sont notées sur de petites planchettes, dénommées tesselles.

Ces eaux d'irrigation étaient très précieuses. Si un diviseur laissait illégalement l'eau des canaux irriguer ses champs, il était sévèrement puni. Par ailleurs, quiconque retire une planche de l'installation de distribution pour la placer à un autre endroit commet encore aujourd'hui, du point de vue des agriculteurs, un vol.

Le gardien des bisses

Chaque bisse était surveillé par un gardien, qui sortait souvent tôt le matin avec une lanterne et revenait tard le soir. Des roues hydrauliques actionnant un marteau servaient également à la surveillance des bisses.

Les bisses ont souvent été endommagés par des blocs de glace ou des pierres, et le gardien et les diviseurs étaient chargés de les réparer. Sur les parois rocheuses abruptes, la réparation était très dangereuse, causant de nombreux accidents ou des décès des hommes chargés de les effectuer.

Lors de ses inspections, le gardien devait également retirer les feuilles et le sable. Comme les bisses ne sont généralement pas totalement étanches ou que de l'eau s'infiltre dans le fond, la nature alentour est généralement très riche et luxuriante – souvent les bisses coulent dans les forêts et donc à l'ombre.

PANNEAUX INDICATEURS DE RANDONNÉE – ON VOUS MONTRE LE CHEMIN

Où utiliser cette antisèche ?

Dans toute la Suisse, par exemple lors de la randonnée alpine Tschentenalp – Gsür – Schermtanne, Adelboden, canton de Berne (chapitre XIII, suggestion de randonnée 1843).

Les enfants, saviez-vous que...

... tous les sentiers de randonnée suisses couvrent ensemble une distance équivalente à une fois et demie la circonférence de la Terre ?
... il existe en Suisse plus de 50 000 panneaux indicateurs de randonnée ?
... tous les ans, 1500 kilos de peinture sont nécessaires pour le balisage des sentiers de randonnée ?

Si vos enfants vous posent une colle

Les chemins de randonnée se répartissent en trois catégories :

Les chemins de randonnée balisés en jaune (63 % de tous les sentiers de randonnée) : ce sont les sentiers les plus faciles, généralement larges. À part un peu d'attention, des chaussures pratiques et une carte nationale, ils ne nécessitent rien de particulier.

Les sentiers de randonnée de montagne balisés blanc-rouge-blanc (36 %) : ils sont généralement abrupts, étroits et partiellement exposés. Ils nécessitent une expérience de la montagne ainsi qu'une bonne condition physique, un pas assuré et l'absence de vertige. Des chaussures solides équipées d'une semelle antidérapante sont nécessaires.

Les sentiers de randonnée alpine balisés blanc-bleu-blanc (1 %) : ils peuvent traverser des champs de neige, des glaciers ou des éboulis, ainsi que des rochers nécessitant un peu d'escalade. Parfois, le sentier n'est pas marqué. Ils nécessitent une très bonne condition physique, un pas assuré et l'absence de vertige. Une expérience alpine et un équipement approprié sont nécessaires.

Les chemins de randonnée hivernale balisés en rose : ils ne sont balisés qu'en hiver. Ils ne présentent aucune exigence particulière, mais attention aux risques de glissade.

La Suisse dispose de plus de 65 000 kilomètres de sentiers de randonnée. Ceux qui les parcourent couvrent une distance équivalente à une fois et demie l'Équateur. À titre de comparaison :

Réseau routier : environ 71 600 kilomètres
Réseau ferroviaire : « seulement » 5200 kilomètres

Les sentiers de randonnée totalisent 250 000 marques de balisage colorés (losanges jaunes, traits blanc-rouge-blanc ou blanc-bleu-blanc). Ce marquage doit être refait, c'est-à-dire repeint, tous les deux à cinq ans.

Pourquoi les panneaux indicateurs mentionnent-ils parfois le temps de marche, et parfois non ?

Ils sont indiqués aux points de départ et d'arrivée, ainsi qu'aux destinations intermédiaires importantes. Les autres panneaux indiquent seulement les destinations.

La mise en place des panneaux indicateurs est de la responsabilité des cantons et des communes. La plupart du temps cependant, cette tâche est assumée par les organisations cantonales des chemins de randonnée, ainsi que par des bénévoles, avec le soutien des communes et des offices de tourisme. La fédération Suisse Rando leur apporte un soutien dans la planification, l'homogénéité de la signalisation et la formation.

ANTISÈCHES

LES TUNNELS DE RANDONNÉE – PAR LE PETIT BOUT DE LA LORGNETTE

Où utiliser cette antisèche ?

Dans les Alpes, par exemple lors de la randonnée Eggishorn – Lac de Märjelen – Glacier d'Aletsch – Fiescheralp, dans le canton du Valais (chapitre X, suggestion de randonnée 1727).

Les enfants, saviez-vous que...

... il existe 270 tunnels de randonnée en Suisse ?
... la traversée du plus grand tunnel de randonnée de Suisse représente une marche de près de trois quarts d'heure ?
... le plus long tunnel a été construit pour permettre de se rendre dans les montagnes avec des engins de construction ?

Si vos enfants vous posent une colle

La construction des tunnels répond à différents objectifs :

Tunnels de centrales électriques / construction de centrales électriques / maintien des voies de liaison
Les lacs de barrage sont construits pour produire de l'électricité. Ils ont également un grand impact sur l'environnement. Des surfaces très importantes de terres sont inondées, mais aussi des chemins, des grottes, des cours d'eau, voire des vallées entières sont perdus. Les tunnels servent à remplacer les voies et les chemins perdus. Certains ont d'ailleurs été construits pour permettre aux engins de construction d'accéder au site de construction du barrage.

Évitement des risques naturels :
Les avalanches, les chutes de pierres et les laves torrentielles détruisent les chemins et les routes. Dans l'Aclatobel, par exemple, les routes devaient être déplacées d'un mètre chaque année. Les tunnels permettent d'éviter ces dangers et, en outre, rendent accessibles les vallées en hiver.

Transport d'eau/bisses
Pour lutter contre le manque d'eau, les habitants des montagnes ont construit des bisses, c'est-à-dire des canaux d'irrigation. Ces derniers longeaient souvent des rochers à des hauteurs vertigineuses, où ils étaient constamment endommagés par des chutes de pierres, des avalanches et des tempêtes. De nombreuses personnes sont décédées lors des réparations des bisses. Les tunnels permettent d'éviter ces accidents.

Les dix plus longs tunnels de randonnée de Suisse :

1. **Limmern (GL) | 2.90 km :** tunnel pour la construction d'une centrale électrique.
2. **Acla (GR) | 1.74 km :** contournement de ravins abrupts/accès toute l'année à la vallée de Safiental.
3. **Niwärch (VS) | 1.60 km :** tunnel pour l'eau d'irrigation.
4. **Tälligrat (VS) | 1.01 km :** tunnel pour la construction de centrales électriques et l'approvisionnement en eau.
5. **Lago di Luzzone (TI) | 0.81 km :** le long du lac de barrage alimentant les alpages et la Capanna Motterascio.
6. **Lac de Mauvoisin (VS) | 0.75 km :** le long du lac de barrage alimentant les alpages et la cabane de Chanrion.
7. **Isleten (UR) | 0.74 km :** sentier dans le tunnel routier le long du lac, contournement des chutes de pierres.
8. **Lac d'Émosson (VS) | 0.70 km :** le long du lac de barrage, construction et développement d'une station de pompage pour l'eau du Vallon d'Émaney voisin.
9. **Lago di Luzzone (TI) | 0.60 km :** perforation de la paroi rocheuse abrupte pour la construction du barrage de Carassina.
10. **Lac du Rawil – Les Rousses : Bisse de Sion (VS) | 0.49 km :** tunnel routier, utilisé aussi pour l'eau d'irrigation.

LES MANTES RELIGIEUSES – DES CANNIBALES EN FILIGRANE

Où utiliser cette antisèche ?

Sur des prairies sèches et des steppes rocheuses avec une longue exposition au soleil, par exemple lors de la randonnée Branson – Vernayaz, canton du Valais (chapitre I, suggestion de randonnée 1224).

Les enfants, saviez-vous que...

... la mante religieuse coupe parfois par amour la tête du mâle avec lequel elle s'accouple ? Et que les mâles sont tout à fait d'accord avec ça ?
... la mante religieuse peut changer jusqu'à six fois de couleur ?
... la mante religieuse peut attaquer sa proie plus vite qu'un battement de cils ?

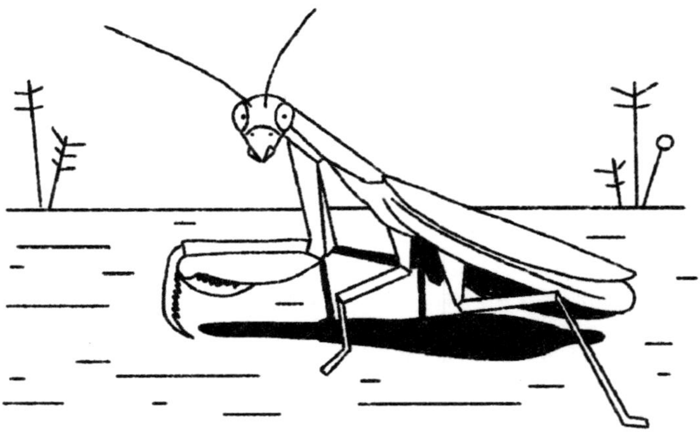

Si vos enfants vous posent une colle

La mue

La mante religieuse *(Mantis religiosa)* mue jusqu'à six fois pendant son développement, du stade de larve au stade d'insecte adulte. Lors de ces mues, elle change de couleur en s'adaptant à son environnement (différentes nuances de brun, de beige et de vert). Ainsi, son camouflage est toujours optimal.

Des mœurs cannibales

La femelle doit être en bonne santé et aussi rassasiée que possible pour pondre des œufs – objectif auquel le mâle peut subordonner sa vie. Il arrive ainsi parfois que la femelle mange le mâle pendant l'accouplement. Comportement désintéressé s'il en est de la part du mâle : la survie de l'espèce prime.

Lors de l'accouplement, le mâle transmet à la femelle du sperme. Celle-ci décide alors elle-même du moment de la fécondation des œufs. Elle peut pondre environ 150 œufs – enveloppés dans de la mousse durcie – qu'elle dépose sur des pierres et qui s'y trouvent collés. Les œufs éclosent au printemps suivant.

Pour bien les observer

Les mantes religieuses ne vivent que six mois. Elles sont difficiles à observer, mais la période la plus propice est l'été ou la fin de l'été. Avant, elles sont encore dans l'un de leurs nombreux stades larvaires et sont difficiles à trouver. Elles meurent avec la baisse des températures en automne. Lorsque le temps est humide et frais, les mantes religieuses sont inertes, préservant ainsi leur énergie. C'est le meilleur moment pour les observer.

Une mort instantanée

Les mantes religieuses se nourrissent d'insectes et d'arachnides. Pour capturer leurs proies, elles miment le balancement des feuilles. Elles repèrent leurs proies grâce à leurs yeux protubérants et s'approchent d'elles à toute vitesse : une attaque ne dure que de 50 à 60 millisecondes, soit beaucoup plus rapide qu'un clignement de paupière, de sorte que les êtres humains ne peuvent pas réellement les percevoir. Les pinces de la mante religieuse sont pourvues de piques qui ne laissent aucune chance à sa proie.

ANTISÈCHES

L'ESCARGOT – UN PETIT ANIMAL À LA BAVE MERVEILLEUSE

Où utiliser cette antisèche ?

Quasiment partout, par exemple lors de la randonnée Schöftland – Staffelbach, dans le canton d'Argovie (chapitre I, suggestion de randonnée 1710).

Les enfants, saviez-vous que...

... l'escargot peut réparer sa coquille lorsque celle-ci est endommagée ?
... la bave aide l'escargot à avancer à la verticale ou même en surplomb ?
... les escargots peuvent vivre plus de 30 ans ?

Si vos enfants vous posent une colle

Les coquilles d'escargot sont constituées de chaux. Les escargots ont une alimentation riche en calcium et le sécrètent pour constituer la coquille à partir de glandes spéciales situées dans le dos. La chaux ainsi sécrétée permet de colmater les fissures et les trous de la coquille. Les protéines mélangées à la chaux permettent à la substance sécrétée de durcir. Cependant, une coquille trop endommagée ne peut pas être réparée, et dans ce cas, l'escargot meurt. Les escargots ont également besoin de chaux lors de leur hibernation : après s'être trouvé un endroit abrité, ils rentrent dans leur coquille qu'ils scellent ensuite par un couvercle de calcaire.

Pourquoi les escargots ont-ils besoin d'une coquille ?

La coquille protège l'escargot du dessèchement, ainsi que des taupes, des souris, des renards et des oiseaux qui les mettent volontiers à leur menu. Les limaces, quant à elles, n'ont pas de coquille, car elles n'ont pas besoin de cette protection. Elles sont plus aptes à se cacher et sont principalement nocturnes.

Une affaire baveuse

Les escargots sécrètent leur bave à partir de glandes. Cette bave est presque entièrement constituée d'eau. Lorsqu'elle contient aussi des protéines, elle devient collante, ce qui permet à l'animal de ramper à la verticale ou en surplomb et d'adhérer à quasiment toutes les surfaces.

La bave protège également l'escargot des blessures causées par les obstacles et les arêtes vives, ainsi que des maladies. Elle sert aussi à réduire les frottements contre le sol ou à piéger les prédateurs. La limace espagnole – l'espèce que l'on trouve partout – réutilise même la bave qu'elle sécrète.

De nombreuses espèces ne vivent qu'1 ou 2 ans. En pleine nature, certaines peuvent vivre plus de 20 ans et en terrarium, jusqu'à 30 ans.

GRENOUILLES ET CRAPAUDS – DES CONCERTS TOUS LES SOIRS

Où utiliser cette antisèche ?

Dans des endroits humides avec des possibilités de se cacher, par exemple lors de la randonnée Düdingen, canton de Fribourg - Auried – Laupen, canton de Berne (suggestion de randonnée n°1313).

Les enfants, saviez-vous que...

... la rainette est une bonne grimpeuse, raison pour laquelle, dans un bocal, elle fait office de météorologue et de baromètre ?
... le croassement des rainettes est aussi fort que le martèlement d'un marteau-piqueur ?
... la grenouille d'eau peut surveiller simultanément ce qui se passe au sol et dans les airs ?

Si vos enfants vous posent une colle

Des grenouilles et des crapauds protégés

Tous les amphibiens indigènes (grenouilles, crapauds sonneurs, crapauds, salamandres, tritons) sont protégés. Il est donc interdit de les capturer et de les garder. Les espèces communes (grenouilles rousses, crapauds communs) peuvent être capturées à des fins éducatives.

Les grenouilles et les crapauds (anoures) se différencient des salamandres et des tritons (urodèles) : les premiers, en grandissant, perdent leur queue, tandis que les seconds la gardent toute leur vie.

Les grenouilles en Suisse :

Grenouille aquatique et grenouille verte :

La grenouille aquatique mesure entre 4 et 6 cm, la grenouille verte, entre 5 et 8 cm. Ces deux espèces sont communes et se ressemblent par leur couleur vert vif et leur dos tacheté de noir avec une bande vert clair. Les mâles sont responsables des concerts bruyants ! Ces deux espèces prennent le soleil sur les rives et sautent dans l'eau dès qu'elles sont dérangées.

Grenouille rousse :

Mesurant de 7 à 11 cm, il s'agit de l'espèce d'amphibien la plus commune en Suisse. On la trouve en forêt, dans les prairies humides, dans les jardins près des plans d'eau. Elle est reconnaissable à ses nuances brunes et à ses taches foncées – ces dernières étant plus nombreuses sur les populations vivant en montagne que sur celles vivant en plaine. Son croassement est peu sonore, car la grenouille rousse ne possède pas de sac vocal.

Rainette :

Mesurant de 3 à 4 cm de long, la rainette est la plus petite des espèces indigènes, et est en outre très menacée. Grace à son gros sac vocal, elle est très sonore le soir. Elle vit dans les étangs, les prairies et les forêts. C'est la seule espèce de grenouille d'Europe centrale capable de bien grimper, et on la trouve souvent en journée sur les plantes vivaces à fleurs ou dans les bosquets, où elle chasse les insectes. Comme elle peut grimper, elle était autrefois conservée dans des bocaux, et elle grimpait l'échelle de sa prison quand le soleil brillait, car elle n'avait pas assez d'oxygène au fond du bocal.

Grenouille aquatique et grenouille verte — **Grenouille rousse** — **Rainette**

Les crapauds en Suisse :

Crapaud commun :
Mesurant de 9 à 12 cm, il est très répandu, notamment dans les forêts et les prairies. Son dos est brun, brun rougeâtre ou encore olive, tandis que son ventre est de couleur blanc grisâtre, dorée ou encore rouge cuivré. Ses yeux sont protubérants, possédant à l'arrière des glandes qui sécrètent une substance blanche et toxique lorsqu'ils sonten danger.

Crapaud accoucheur :
Mesurant de 3,5 à 5 cm, il est peu commun, se trouvant surtout dans les collines et localement dans les Préalpes. Le dos est de couleur gris-brun, les yeux sont dorés avec une pupille verticale. Il est surnommé « crapaud sonnette », en raison de son croassement clair aux accents de flûte faisant penser à un carillon. Le mâle entortille le cordon de ponte autour des talons de ses pattes.

Crapaud calamite :
Mesurant de 5 à 7 cm, il est rare et se rencontre dans les gravières et les sablières. De couleur blanchâtre présentant une marbrure olive, il a des pattes arrière courtes qui le font marcher un peu comme une souris plutôt que sauter. Il se distingue généralement par un trait jaune très clair au milieu du dos.

Sonneur à ventre jaune :
Mesurant environ 4,5 cm, il est peu commun et se rencontre le plus souvent dans les eaux peu profondes. Le dos est de couleur gris sable et couvert de verrues, tandis que le ventre présente des motifs jaunes-noirs.

Crapaud commun

Crapaud accoucheur

Crapaud calamite

Sonneur à ventre jaune

LES LICHENS – DE TRÈS ANCIENS ARTISTES DE LA SURVIE

Où utiliser cette antisèche ?

Dans les Alpes, par exemple lors de la randonnée avec nuitée en cabane Räterichsboden – Bächlitalhütte – Räterichsboden, dans le canton de Berne (chapitre X, suggestion de randonnée 1070).

Les enfants, saviez-vous que…

… il existe environ 300 espèces de lichens indigènes dans la région du Grimsel ?

… on en trouve plus d'une centaine d'espèces sur certains piliers rocheux ? Cependant, un très grand nombre de ces espèces ne sont visibles qu'à la loupe ou au microscope.

… le lichen géographique ne se développe que très lentement ? Quand on compare les petites zones de lichens sur les parois du barrage vieux de 70 ans à celles se trouvant sur les rochers séculaires qui l'entourent, on a une idée de l'âge de ces lichens.

Si vos enfants vous posent une colle

Le lichen résulte d'une symbiose entre un champignon et une algue. Les deux s'enrichissent mutuellement : le champignon fournit à l'algue de l'eau et des nutriments minéraux et la protège des prédateurs grâce à ses couleurs vives. En retour, l'algue, par le biais de la lumière, produit pour le champignon des nutriments similaires au sucre, processus connu sous le nom de photosynthèse.

Les lichens constituent des communautés, dont il existe plusieurs sortes, principalement les lichens crustacés et les lichens foliacés :

Les **lichens crustacés** se développent en formant une sorte de croûte compacte et dure. Ils sont fortement fixés au substrat, dans lequel ils puisent les nutriments. Leur croissance est lente et quasiment infinie : leur durée de vie se mesure en siècles, et les communautés survivent aux périodes glaciaires.

Les **lichens foliacés** présentent un aspect souple, feuillu et croissent en trois dimensions, ce qui leur permet d'absorber davantage de lumière pour la photosynthèse. Ils ne sont pas fixés fortement au substrat. Ils ont une durée de vie beaucoup plus courte, d'environ 50 à 60 ans.

Exemples de lichens et leurs caractéristiques :

Lichen géographique :
Ce lichen à croûte vert-jaune est parcouru de lignes noires qui lui confèrent son apparence de carte géographique. Il couvre de grandes surfaces rocheuses.

Lichen « Tintenstriche » :
Les petits coussinets humides et feutrés du lichen forment de longues bandes noires dans les parois rocheuses. L'eau qui ruisselle apporte au lichen les nutriments dont il a besoin.

Lichen orangé :
Le lichen orangé pousse en forme régulière et en rosette. Il est très résistant : il a même survécu un an dans l'espace sur la station spatiale internationale ISS !

Lichen rouge :
Fructification épaisse, de couleur rouge, apparaissant sur le lichen gris-vert. Le pigment rouge repousse les prédateurs tels que les escargots, les acariens, les mouches, les souris et les lagopèdes.

Lichen géographique

Lichen « Tintenstriche »

Lichen orangé

Lichen rouge

ANTISÈCHES

LA FORÊT – UN IMMENSE RÉSERVOIR D'EAU

Où utiliser cette antisèche ?

En dessous de la limite forestière, par exemple lors de la randonnée facile Niederscherli – Scherligraben – Thörishaus, dans le canton de Berne (chapitre II, suggestion de randonnée 1844).

Les enfants, saviez-vous que...

... dans la forêt, l'eau est particulièrement propre ?
... une forêt de la taille d'un terrain et demi de football stocke 2 millions de litres d'eau ?
... dans un cube d'humus d'1 mètre d'arête, il peut y avoir jusqu'à 100 kilomètres de racines ?

Si vos enfants vous posent une colle

L'humus comme filtre

Dans la forêt, l'eau est très propre, car la forêt est un système particulièrement naturel qui agit comme un filtre : son sol, dans les couches supérieures, est constitué de beaucoup d'humus, parcouru de nombreuses racines. Dans cet humus vivent de nombreux organismes vivants. Quand l'eau s'infiltre dans le sol et dans les couches rocheuses plus profondes par le biais des fissures, elle est nettoyée.

Le sol des forêts emmagasine beaucoup d'eau, car les organismes y vivant le gardent meuble ; en outre, les racines créent des cavités dans lesquelles l'eau peut s'écouler. L'eau dont les plantes et les arbres n'ont pas besoin s'écoule dans les ruisseaux et les rivières ou s'infiltre dans la nappe phréatique à plusieurs mètres sous terre. Elle est ensuite utilisée comme eau potable et testée très régulièrement pour détecter rapidement une potentielle contamination.

Boire l'eau du ruisseau ?

Boire l'eau des ruisseaux et des rivières comporte toujours un certain risque. On ne sait jamais si des animaux paissent plus en hauteur ou si l'eau est polluée pour d'autres raisons. Il n'existe pas de risque vital, fort heureusement, mais des risques de vomissements ou de diarrhées. Le principe de base est le suivant : plus vous êtes en altitude, plus l'eau est propre.

Une forêt propre

Dans la forêt, le risque de contamination du sol par l'homme est plus faible qu'ailleurs : les agriculteurs ne sont pas autorisés à y utiliser d'engrais, il y a moins d'égouts et de canalisations d'où peuvent s'écouler des liquides nocifs lors d'accidents ou de fuites. Les forestiers et les bûcherons doivent veiller à ce qu'il ne s'écoule ni essence ni produits chimiques de leurs tronçonneuses ou de leurs machines.

Là où la forêt a été coupée, il y a moins de couronnes et de racines d'arbres susceptibles de retenir l'eau. Sur les pentes des montagnes, l'eau s'écoule rapidement, emportant des sols fertiles. Après plusieurs jours de pluie, des risques d'inondation existent.

ANTISÈCHES

LES ARBRES – COMMENT ASSURENT-ILS LEUR SUBSISTANCE ?

Où utiliser cette antisèche ?

En dessous de la limite des arbres, par exemple lors de la randonnée Worblaufen – Rychebachwald – Bremgarten, dans le canton de Berne (chapitre VIII, suggestion de randonnée 1728).

Les enfants, saviez-vous que...

... un bouleau peut produire jusqu'à 10 millions de graines ?
... les écureuils veillent à ce que les arbres ne s'éteignent pas ?
... un hêtre centenaire comporte environ un demi-million de feuilles ?

Si vos enfants vous posent une colle

Épicéa (sapin rouge) :
Dans les cônes (ou pomme de pin) se trouvent des graines dotées de petites ailes. Elles sont disposées par paire sur chacune des écailles de la pomme de pin. Lorsque ces écailles s'écartent, le vent disperse les graines, parfois à plusieurs centaines de mètres.

Érable :
Les graines poussent par paire et sont dotées d'ailes. Grâce à leur forme en hélice, elles flottent dans les airs, descendant d'une hauteur d'environ 20 mètres, et atterrissent loin du tronc.

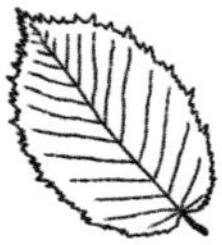

Hêtre :
Les écureuils et les geais sont de très bons assistants du hêtre. En effet, ils ramassent les faînes (noix de hêtre) à trois arêtes, en en mettant quelques-unes de côté pour l'hiver. Beaucoup ne les retrouvent pas plus tard, car les souris, les sangliers et les autres oiseaux les mangent et laissent les bogues. Mais la plupart des faînes tombent de l'arbre et germent au sol. Elles sont comestibles pour les hommes, à condition d'enlever la coquille.

Chêne :
Le chêne aussi peut compter sur les écureuils et les geais, qui cachent les glands dans le sol, où ils les oublient souvent. Les vieux chênes sont particulièrement précieux, car de nombreux insectes indigènes en dépendent – en Europe, plus de 1000 espèces de coléoptères ont été recensées sur les chênes. Même leur bois mort peut abriter plus d'un millier de créatures telles que des insectes, des vers, des champignons et des bactéries. Tous font pourrir et décomposer lentement le bois, de sorte qu'il se transforme en humus.

Bouleau :
Il produit des millions de graines, qui sont transportées sur de longues distances par le vent et l'eau. Les fruits du bouleau, dénommés chatons, sont caractéristiques avec leur forme longue et leur couleur jaune. À l'intérieur mûrissent de toutes petites noix brunâtres aux ailes minuscules. Il ne faut pas les confondre avec le pollen que les fleurs de bouleau libèrent entre mars et mai.

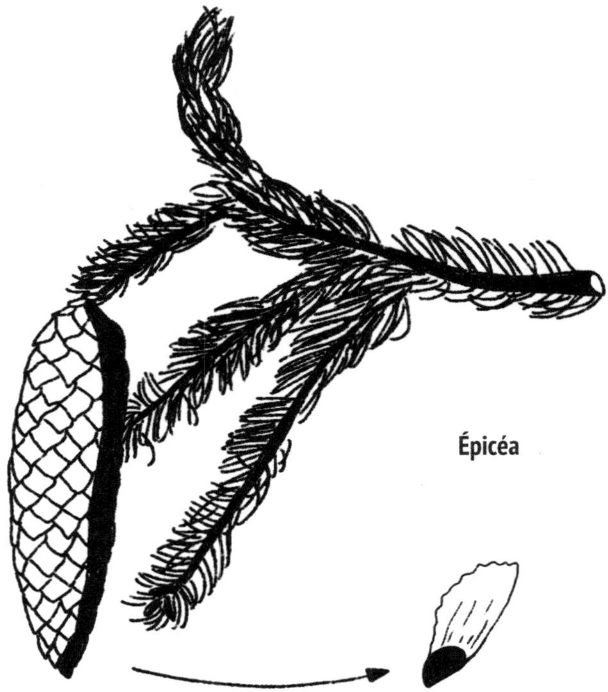

Épicéa

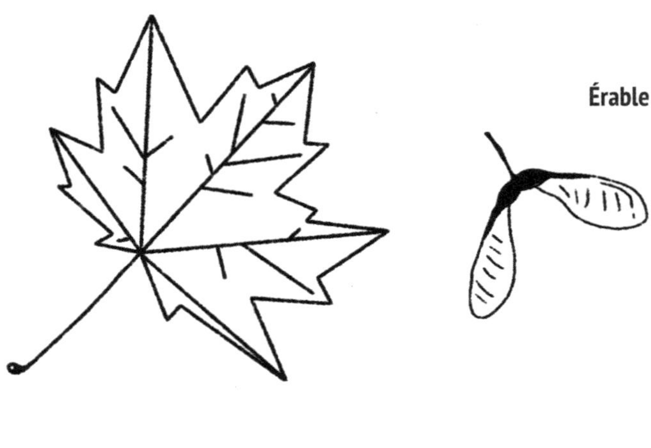

Érable

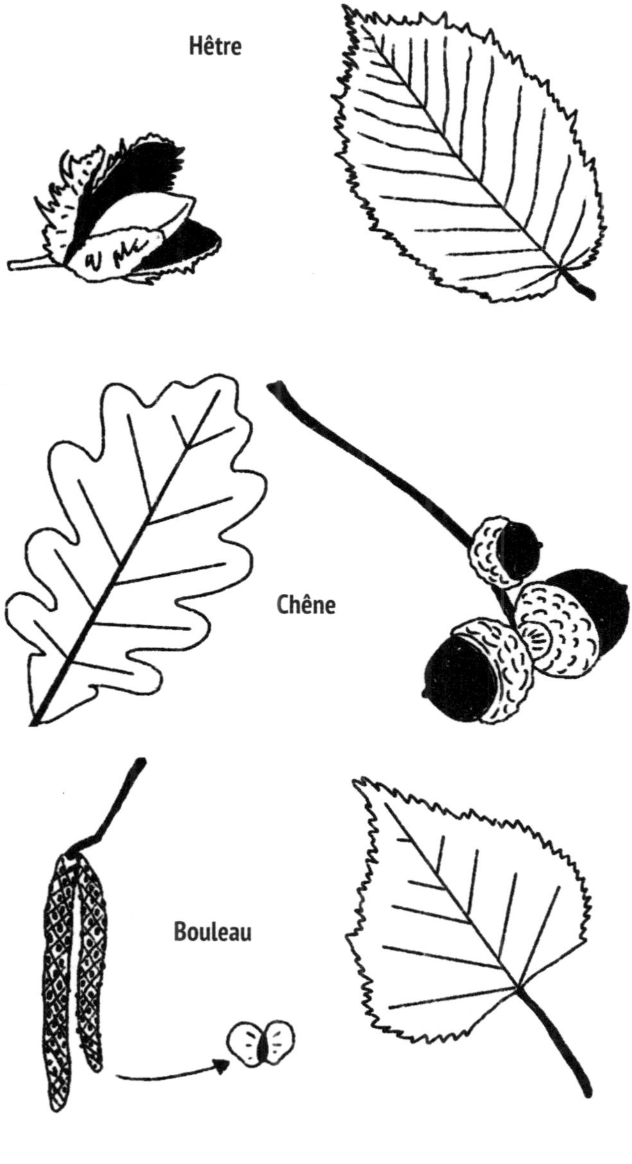
Hêtre
Chêne
Bouleau

ANTISÈCHES

LES FEUILLUS – COMMENT BRAVENT-ILS L'HIVER ?

Où utiliser cette antisèche ?

En dessous de la limite des arbres, par exemple lors de la randonnée hivernale Col du Jaun – Bäderegg – Col du Jaun, canton de Berne (chapitre VI, suggestion de randonnée 1147).

Les enfants, saviez-vous que…

… l'écorce d'un arbre protège le tronc comme une doudoune en hiver ?
… dans les petits bourgeons, le plus souvent de couleur brune, tout est déjà là en hiver pour permettre aux feuilles de pousser de nouveau au printemps ?
… les arbres emmagasinent du sucre pour passer l'hiver s'il est difficile ?

Si vos enfants vous posent une colle

Une stratégie de survie intelligente

Dès l'automne, les feuillus adoptent une stratégie ingénieuse pour faire face à l'hiver : comme il fait froid et que le soleil brille moins, les feuilles ne sont pas en mesure de produire suffisamment de nutriments pour l'arbre. En outre, l'eau contenue dans les feuilles gèlerait. En d'autres termes, les feuilles ne présentent que des inconvénients en hiver. Raison pour laquelle presque tous les arbres se débarrassent de leurs feuilles, passent dans une sorte d'état d'hibernation, consommant ainsi beaucoup moins de nutriments qu'en été. Certains arbres fabriquent aussi, dans les canaux d'alimentation du tronc, des mélanges de sucre et de protéines qui ne gèlent pas.

Une couverture pour les racines

En plus de la couverture neigeuse, les feuilles au sol forment une couche supplémentaire réchauffant les racines. Le tronc est protégé par l'écorce épaisse, et à l'intérieur se trouvent de nombreuses chambres d'air. L'air constitue un bon isolant, ce dont on se rend compte avec une doudoune, elle aussi largement constituée d'air.

Prêt pour le printemps

Pour faire germer rapidement leurs feuilles au printemps, les arbres stockent aussi des nutriments vitaux (sucre et protéines) dans leurs bourgeons d'hiver. Cette particularité est très visible, par exemple sur les mélèzes : leurs branches comportent de petites billes brunes qui, une fois ouvertes, dévoilent un contenu vert. Les autres bourgeons sont enveloppés d'une couche résineuse sombre et grasse, qui les protège du gel et laisse l'eau s'écouler.

Chaud et froid

Comment l'arbre sait-il que le printemps est venu ? Des températures chaudes ne suffisent pas, sinon l'arbre germerait lors des premières températures clémentes, au risque de provoquer un gel des bourgeons lors d'un coup de froid ultérieur. Les arbres ne sortent de leur hivernation que lorsque la température est supérieure à 0 °C pendant un certain temps. C'est ce qu'on appelle le « chilling ».

Les conifères conservent leurs feuilles

Les conifères ne perdent pas leurs feuilles. Leurs aiguilles s'apparentent à des feuilles enroulées et présentent une couche supérieure assez épaisse et imperméable. Ainsi, l'eau dont ils ont besoin en hiver pour se nourrir ne s'évapore pas. Mais ils ne reprennent leur croissance qu'au printemps.

ANTISÈCHES

LA NEIGE – DES SECRETS CACHÉS EN PROFONDEUR

Où utiliser cette antisèche ?

Partout où il y a de la neige, par exemple lors de la randonnée hivernale Grindelwald First – Faulhorn – Bussalp, dans le canton de Berne (chapitre X, suggestion de randonnée 1845).

Les enfants, saviez-vous que...

... la plus grande couverture neigeuse jamais mesurée dans le monde se trouve au Japon, sur le mont Ibuki ? Elle mesurait 11,82 mètres de haut.
... le Japon est le pays le plus enneigé du monde ?
... il faut 1000 ans pour que la neige se transforme en glace en Antarctique ?

Si vos enfants vous posent une colle

Comment la neige se forme-t-elle ?

Dans un nuage, lorsque la vapeur d'eau se refroidit rapidement, elle se transforme en cristaux qui tourbillonnent, entrent en collision et se combinent pour former des flocons de neige. Lorsque ces flocons atteignent une couche d'air plus chaude, ils dégèlent et se transforment en pluie.

Pourquoi la neige est-elle blanche ?

La neige apparaît blanche parce qu'une infinité de petites bulles d'air se trouve entre les flocons. Aux endroits où les flocons et les bulles d'air se heurtent, la lumière blanche du soleil est réfléchie – et avec elle les rayons ultraviolets susceptibles d'endommager les yeux. Raison pour laquelle les lunettes de soleil sont indispensables pour randonner dans la neige.

L'homme peut fabriquer la neige

La neige peut aussi être produite artificiellement, par le biais de fines buses pulvérisant de l'eau. Dans l'air froid, les gouttelettes d'eau gèlent et forment de petites boules dix fois plus petites que les flocons de neige. Comme la neige artificielle est plus dense que la neige naturelle, elle reste plus longtemps en hiver et empêche la croissance des plantes. La production de neige artificielle nécessite beaucoup d'électricité et d'eau, cette dernière provenant souvent de lacs artificiels.

Comment la neige se transforme-t-elle en glace ?

Le poids de la neige fraîche comprime la neige déjà tombée au sol, de sorte que les porosités de cette dernière perdent de l'air et que les cristaux se condensent. La journée, le soleil ramollit la neige, qui gèle à nouveau la nuit. C'est ainsi que la couverture neigeuse se solidifie.

Dans les glaciers suisses, il faut environ 1 an pour que la glace se forme, comparé à 1000 ans en Antarctique : cela est dû aux faibles précipitations, aux températures inférieures à 0 °C toute l'année et aux vents forts.

La plus grande quantité de neige au monde

Le Japon est le pays le plus enneigé au monde. La région autour du mont Ibuki est particulièrement riche en neige : l'air froid en provenance de Sibérie souffle sur la mer, absorbant une grande quantité d'humidité qui tombe sous forme de neige sur les flancs des abruptes montagnes japonaises. La couverture neigeuse la plus élevée au monde a été enregistrée à cet endroit. Chaque année, il tombe environ 37 mètres de neige fraîche au Japon.

MON AIDE-MÉMOIRE

Vérifiez de temps en temps l'équipement des enfants.

Les chaussures de randonnée leur vont-elles encore ?
C'est l'équipement le plus important... En cas d'ampoule, tout devient plus pénible.

Si on suit le principe de l'oignon pour les vêtements, l'enfant a-t-il ce qu'il faut pour chaque couche ?
Un t-shirt pour les périodes chaudes (couche de base), une polaire pour avoir chaud (couche intermédiaire) et une veste imperméable pour se protéger du vent et de la pluie (troisième couche), auxquels s'ajoute un pantalon de randonnée déperlant ou à séchage rapide, dont les jambes, le cas échéant, s'enlèvent par le biais d'une fermeture éclair.

Concernant les prix, je ne cherche pas à économiser sur les chaussures de randonnée, les vêtements de pluie et les pantalons de randonnée, car ces pièces d'équipement sont essentielles et ne doivent pas faire défaut. Tout le reste peut être pris parmi les vêtements de tous les jours, ce qui permet de substantielles économies.

Le contenu du sac à dos varie également en fonction des conditions météorologiques.

L'enfant a-t-il un sac à dos confortable à porter ?
Les très jeunes enfants randonnent sans sac à dos, mais pas les plus âgés, qui doivent porter dans leur sac à dos leurs propres affaires, ainsi que le pique-nique, y compris la boisson. Cette responsabilité est motivante pour eux, d'autant plus que dès que le repas est passé, les sacs à dos sont beaucoup plus légers. Veillez bien à ce que les bretelles du sac à dos puissent se boucler sur la poitrine. Pour le reste, l'essentiel est que le sac à dos plaise à l'enfant, les autres caractéristiques techniques sont secondaires.

www.suisse-rando.ch/check-list-familles

Équipement du papa randonneur :

- [ ] Porte-enfant de randonnée
- [ ] Bâtons de randonnée
- [ ] Téléphone portable pour prendre des photos, consulter l'itinéraire et les horaires, les cartes
- [ ] Batterie externe
- [ ] Porte-monnaie avec des espèces
- [ ] Carnet de notes et stylo

Liste des vêtements à prévoir pour les enfants :

- [ ] T-shirt
- [ ] Polaire (couche intermédiaire)
- [ ] Pantalon de randonnée à séchage rapide
- [ ] Vêtement de pluie véritablement imperméable
- [ ] Pantalon de pluie (éventuellement)
- [ ] Sous-vêtements, chaussettes
- [ ] Chaussures de randonnée à la bonne pointure, bien ajustées et si possible déjà « faites »
- [ ] Chapeau
- [ ] Lunettes de soleil
- [ ] Sac à dos (éventuellement)

Équipement supplémentaire pour une nuit en cabane :

- [ ] Sac de couchage (draps ou soie)
- [ ] Pyjamas ou jogging pour l'intérieur
- [ ] Brosse à dents et dentifrice
- [ ] Deuxième jeu de sous-vêtements et chaussettes de rechange
- [ ] Petite serviette de bain servant à tous (pour la toilette de chat)
- [ ] Carte de membre (pour les membres du CAS)

Lors de la réservation, vérifiez auprès de la cabane la disponibilité des éléments suivants :

- [ ] Pantoufles en taille enfant
- [ ] Jeux, matériel de dessin

À emporter dans le sac à dos du papa randonneur :

- [ ] Crème solaire
- [ ] Spray anti-tiques
- [ ] Chaussettes de rechange
- [ ] Couches
- [ ] Tétine
- [ ] Pique-nique
- [ ] Fruits secs, crackers au blé complet, barres énergétiques pour les en-cas, glucose
- [ ] Oursons en gélatine
- [ ] Gourdes avec de l'eau
- [ ] Carte de randonnée (avec copies pour chacun des enfants)
- [ ] Trousse à pharmacie avec pansements, sparadraps et désinfectant, pansements à ampoules, pommade antalgique…
- [ ] Petits sacs en plastique (pour les déchets, pour mettre les chaussurettes mouillées)
- [ ] Cordelette d'escalade
- [ ] Mouchoirs en papier
- [ ] Lampe frontale
- [ ] Couteau de poche
- [ ] Petites jumelles
- [ ] Peluche (doudou), iPod, téléphone portable, appareil photo et autre jouet ou jeu préféré des enfants

ANNUAIRE DES LIEUX DE RANDONNÉES

RP : chemins de randonnée pédestre
RM : chemin de randonnée de montagne
RA : chemin de randonnée alpine
RH : chemin de randonnée hivernale

REMERCIEMENTS

Merci à ma famille, avec qui j'ai pu vivre et apprendre tellement ces dernières années.

Merci à mes collègues de travail qui m'ont toujours soutenu avec leurs nombreuses bonnes idées et leur énergie dans leur mise en œuvre.

Merci aux rédactrices en chef Elsbeth Flüeler et Patricia Michaud, qui me soutiennent en consacrant beaucoup de temps et d'énergie depuis des années, m'encourageant et me donnant parfois des idées.

Merci aux collaborateurs engagés dans les organisations cantonales de sentiers de randonnée, qui m'étonnent toujours par leur vaste connaissance des chemins pédestres loin de l'agitation.

Merci à l'association Suisse Rando pour avoir rendu possible ce projet de livre.

Merci à tous ceux qui m'ont toujours soutenu et encouragé de quelque manière que ce soit.

L'AUTEUR

Né en 1974, Rémy Kappeler conserve une âme d'enfant qui aime randonner. Avec sa femme et ses trois enfants, il est toujours curieux de vivre les petites et les grandes aventures que la journée lui réserve. Après avoir exercé quelques années comme enseignant primaire, puis passé trois semestres sur les bancs de l'université à étudier la langue et la littérature allemandes, il s'est découvert une passion pour le journalisme. Avec dans son sac à dos les outils de l'école de journalisme Ringier, il a exercé dix ans en tant que journaliste, d'abord comme rédacteur local au *Solothurner Tagblatt*, puis comme rédacteur de la rubrique internationale de l'agence de presse ATS. Depuis 2013, il est rédacteur en chef du magazine RANDONNER.CH édité par Suisse Rando et, depuis 2017, blogueur « papa randonneur » du site www.blog.wandern.ch.

ASSOCIATION SUISSE RANDO

La randonnée est le loisir préféré des Suisses, qui disposent d'un réseau de chemins de plus de 65 000 kilomètres pour le pratiquer. Ce réseau leur permet de relier les plus beaux paysages du pays, des espaces de détente de proximité au massif alpin.

Cette offre unique au monde est l'une des grandes réalisations de la faîtière Suisse Rando et de ses 26 associations cantonales de tourisme pédestre.

Depuis 1934, elle s'engage en faveur de chemins de randonnée attrayants, sûrs et uniformément balisés. Son travail consiste à planifier et à assurer la qualité de leur infrastructure sur mandat de l'Office fédéral des routes. Les bases à cet égard sont ancrées dans la Constitution fédérale.

Les spécialistes de l'association informent et inspirent un large public en lui proposant des itinéraires, des événements et des publications. Suisse Rando encourage ainsi la randonnée qui est une activité de loisir proche de la nature et qui contribue à la promotion de la santé. Enfin, elle agit au niveau politique en faveur du réseau de chemins.

Ces prestations, l'association ne peut les fournir que grâce à la participation de 1500 bénévoles et au soutien financier de donateurs, de membres et d'entreprises.

www.suisse-rando.ch

PAPA RANDO

AUTEUR : Rémy Kappeler
ISBN : 978-2-940673-09-4
ÉDITEUR : Helvetiq (RedCut Sàrl)
ILLUSTRATIONS ET MISE EN PAGE : Felix Kindelán
PHOTOS : Rémy Kappeler
RELECTURE : Chloé Girodon, Corinne Grandjean, Patricia Michaud
TRADUCTION DE : Laurence Richard

En coopération avec l'Association Suisse Rando.

Avec le soutien de : Burgergemeinde Bern

Burgergemeinde Bern

Dépôt légal en Suisse (mars, 2021)
Bibliothèque nationale suisse, Berne.

Imprimé en Lettonie

Seconde édition : juin 2021

HELVETIQ bénéficie d'un soutien structurel de l'Office fédéral de la culture pour les années 2021-2025.